Na

e

Literatura, ci

Alicia Ríos
Syracuse University

ISBN: 1-930744-53-6

INSTITUTO INTERNACIONAL DE LITERATURA IBEROAMERICANA
Universidad de Pittsburgh
1312 Cathedral of Learning
Pittsburgh, PA 15260
(412) 624-5246 • (412) 624-0829 FAX
iili@pitt.edu • www.iilionline.org

Colaboraron en la preparación de este libro:

Composición y diseño gráfico: Erika Braga
Correctores: Enrique Chacón y Arne Romanowski
Las fotografías de la tapa y contratapa son de Ilich Otero (cortesía del diario *Tal Cual*).

Para mis sobrinos: Adriana, Francisco, Isabella, Arturo y Anabella, con la esperanza de que ellos no sientan la necesidad de irse del país, como la sentí yo.

Para Jean Paul, quien murió lejos, sin la compañía de todos nosotros.

Mientras el alma de la historiografía descanse en el gran estímulo que se deriva de un hombre poderoso, mientras el pasado tenga que ser descrito como algo digno de ser imitado, imitable y posible una segunda vez, incurre ciertamente en el peligro de ser distorsionado, de ser embellecido y de acercarse a la pura invención poética.

Friedrich Nietzsche

Índice

Segunda parte:
Bolívar en la ficción, la plástica y el cine latinoamericanos

Introducción

El Bicentenario en Venezuela

En la mayoría de los países latinoamericanos, el año 2010 se caracterizó por los más diversos actos de conmemoración del Bicentenario. En Venezuela, las celebraciones se iniciaron en Caracas, el 19 de abril, con los correspondientes desfiles militares. Los festejos fueron a propósito del inicio "formal" de la historia republicana, pese a haberse tratado en rigor de un acto estrictamente civil y aún no definitorio en la lucha de liberación antiespañola: la renuncia en cabildo extraordinario del Capitán General Vicente Emparan, por la presión de diversos sectores de la sociedad colonial, y la consecuente instalación de una Junta Suprema Defensora de los Derechos de Fernando VII, erigida en respuesta a la invasión napoleónica a España de 1808.

Se prosiguió con la fiesta del 5 de julio, fecha en la que se conmemoraron los 199 años de la firma del Acta de Independencia (cuando efectivamente comenzó, en 1811, la separación oficial de la Corona y se dio inicio al conflicto bélico). Ese día fue el escogido para reunir los "restos simbólicos" de Manuelita Sáenz con los del Libertador Simón Bolívar. La heroína, a quien se le concedió el título de "Generala de Honor del Ejército Bolivariano", había muerto en 1856 de difteria, enfermedad contagiosa que obligó a que sus restos fueran depositados en una fosa común en un lugar desconocido. El cofre, que contenía tierra de Paita, ciudad del noroeste del Perú donde murió, había tocado suelo venezolano el 3 de julio en San Antonio del Táchira, en el oeste del país, cerca de la convulsionada frontera colombiana, y de allí había volado acompañado por una comitiva especial hasta el Aeropuerto Internacional de Maiquetía, donde seguido por una "caravana popular" fue llevado hasta la Plaza Bolívar de Caracas. Al llegar se le rindieron los correspondientes honores tanto a ella como al Padre de la Patria, para luego pasar a la Casa Natal del Libertador, en la misma ciudad, donde se realizó una vigilia y capilla ardiente hasta la media noche.

De la mano de cinco mujeres cadetes, el domingo 5 de julio fueron depositados finalmente los restos de "La Libertadora del Libertador" en el Panteón Nacional a la derecha de su famoso amante, no sin que antes los presidentes de Ecuador y Venezuela depositaran un ramo de rosas rojas y amarillas ante la tumba de Bolívar. "Ahora, con este acto simbólico, se reafirma nuestro compromiso libertario; podemos decir que no solo la espada de Bolívar camina por América Latina, Manuela, con su claridad manifiesta, con el amor, con la valentía y la consciencia, también cabalga de nuevo por la historia", acotó el presidente ecuatoriano Rafael Correa en su discurso. Aclaró, además, que "este no es un acto de necrofilia, es un acto de simbolismo". El presidente Hugo Chávez, por su parte, lo había calificado como un momento solemne: "Es una reivindicación –dijo–, al papel de la mujer minimizada siempre, excluida casi siempre de las páginas de la historia. Manuela no es Manuela, Manuela son las mujeres indígenas, las mujeres negras, las mujeres criollas, mestizas, que lucharon y luchan y seguirán luchando por la dignidad de sus hijos, de sus nietos, de la patria" (www.youtube.com/watch?v=juYkxm37ods& feature [1/4/2011]).

La escena no puede dejar de suscitar ciertas preguntas: ¿era importante reunir a los dos amantes?, ¿esta separación era una deuda pendiente que debía ser saldada? La mujer de todos los colores, ¿necesita, aún hoy, ser reivindicada no por sí misma, sino por "sus hijos", "sus nietos" y "la patria"? ¿En qué consiste ese "simbolismo" al que se refiere Correa? ¿Es en este tipo de actos "simbólicos" –junto con la espada de Bolívar que viaja por todo el continente, y también fuera de él– como debe consolidarse la añorada unión latinoamericana?

Como si este rito no hubiese sido suficientemente desconcertante, diez días después y sin previo aviso –esta vez primero por la red social Twitter (@chavezcandanga) y no en cadena nacional como suele ocurrir (era la madrugada del 16 de julio)–, el presidente Hugo Chávez escribió cómo él y los demás funcionarios convocados para la ocasión, lloraron juntos en la exhumación de "los restos del gran Bolívar [...] Les digo: tiene que ser Bolívar ese esqueleto glorioso, pues puede sentirse su llamarada" (www.abn.info.ve/node/5331 [15:14 16/06/2010]).

La exhumación fue más tarde trasmitida por cadena nacional y recorrió los noticieros, periódicos y sitios de video de todo el mundo. Con la voz en *off* del presidente Chávez se iban escuchando los detalles de lo que acababa de ocurrir. A una cámara del Panteón Nacional, enmarcada por una gigantesca bandera venezolana, había entrando sigilosamente la comisión especial compuesta por el Vicepresidente de la República, el Ministro del Interior, la Fiscal General, científicos de España y Venezuela, un equipo judicial y una tropa de la guardia presidencial (estos últimos abordaron la sala reproduciendo el paso de una marcha militar y rodearon el ataúd). Todos estaban vestidos con bragas de mecánico blancas, con mascarillas especiales, protectores de zapatos y gorros médicos azules, totalmente cubiertos, cual serie televisiva de ciencia ficción.

El vicepresidente Elías Jaua había sido el encargado de encabezar la delicada misión, que luego de diez y nueve horas de arduo y cuidadoso trabajo estaba por cumplirse: se abriría el sarcófago que contenía los restos del Padre de la Patria siguiendo los procedimientos tecnológicos más avanzados y con "respeto venerable".

Continuaba Chávez: Bolívar "traicionado, vilipendiado, expulsado de la patria. Murió llorando, murió solitario [...] Bueno, ahora no está solo, ¡Padre!, aquí estamos nosotros, aquí estamos tus hijos y tus hijas...". De pronto, guardó silencio, las "gloriosas notas" del himno nacional comenzaron a sonar, se dobló debidamente la bandera que cubría la sección donde se encontraba el cuerpo (procedimiento que dejó como resultado la imagen del escudo nacional estampado en la franja amarilla de la tela) y se pudo apreciar finalmente el muy conservado esqueleto del "Libertador"[1].

Así como Chávez había decidido, tres años atrás, que había que crear una comisión especial que se ocupara de verificar si los restos de Bolívar eran efectivamente los que allí se encontraban –pues bien podían haber sido robados por la oligarquía colombiana[2] y era un "deber moral" descubrir "la verdad"–, ahora que los ve, inmediatamente está seguro que efectivamente lo son y exclama feliz que "Bolívar está vivo" (www.youtube.com/watch?v=BwWPfaPeB-Q [16/7/2010]).

---

[1] Según la historiadora María Elena González Deluca: "No es la primera vez que se hace una exhumación de los restos de Bolívar. La primera vez que esto ocurrió fue cuando se trasladaron desde Colombia a Venezuela, en el año 1842. Luego hubo otra, en tiempos del presidente Rafael Caldera; de hecho, el esqueleto de Simón Bolívar que se vio el otro día por televisión fue reconstruido con unos alambres para que tuviera la forma de un cuerpo humano, porque lo que había allí, hasta ese momento, era una urna con huesos en desorden".

[2] Ver Sánchez y Socorro.

Unos días después se hizo el anuncio que el año entrante, el 5 de julio de 2011, se inauguraría un nuevo Panteón Nacional y Bolívar descansaría allí en una urna de oro y cristal, aunque antes se cambiaría la bandera por una actualizada, es decir, con ocho estrellas y no siete (similar a la que ondeaba en la sala especial del Panteón Nacional), y con el caballo del escudo girando hacia la izquierda, no la derecha, como corresponde en una revolución socialista; así mismo, la nueva bandera sería hilada en suelo venezolano (la anterior había sido traída de afuera, del "imperio" inglés). Como complemento nada despreciable de esta exhumación, se haría lo correspondiente con los restos de sus hermanas María Antonia y Juana Bolívar, de manera de contar con un ADN aún más exacto, con lo cual podrá obtenerse una imagen computarizada y tridimensional del rostro del Padre de la Patria. Podrán disiparse entonces las dudas del origen racial del "Libertador" (sabremos al fin si tenía o no sangre negra y hasta qué punto la iconografía oficial del héroe pecó al irlo blanqueando progresivamente).

Como era de esperarse, ambos episodios estuvieron acompañados de no pocas declaraciones por parte de los medios de comunicación y políticos no afectos al gobierno, para quienes los problemas del país merecían un despliegue más modesto en estas conmemoraciones (aunque nadie se atrevió a cuestionar, al menos públicamente, la magnimidad del Padre de la Patria; sí, la profanación de su sagrada investidura). La respuesta de los voceros oficiales fue lapidaria: quien no estuviera de acuerdo con estos festejos era un "apátrida".

El jueves 30 de septiembre de ese mismo año 2010, el vicepresidente Jaua volvió a dirigirse a todo el país. Informó que ya se tenía la secuencia completa del ADN: "estamos casi seguros que estamos hablando de El Libertador [...] La importancia del resultado de estas investigaciones es que le vamos a dar a las futuras generaciones la certeza de que los restos del hombre más grande que ha parido esta patria y, quizás, este continente, son los que están allí en el Panteón Nacional" (http://www.acn.com.ve/ deportes/extremos /item/16538-%E2%80%9Cmuy-promisorios%E2%80%9D-resultados-de-exhumaci%C3%B3n-a-sim%C3%B3n-bol%C3%ADvar.html [03:18 30/9/2010]).

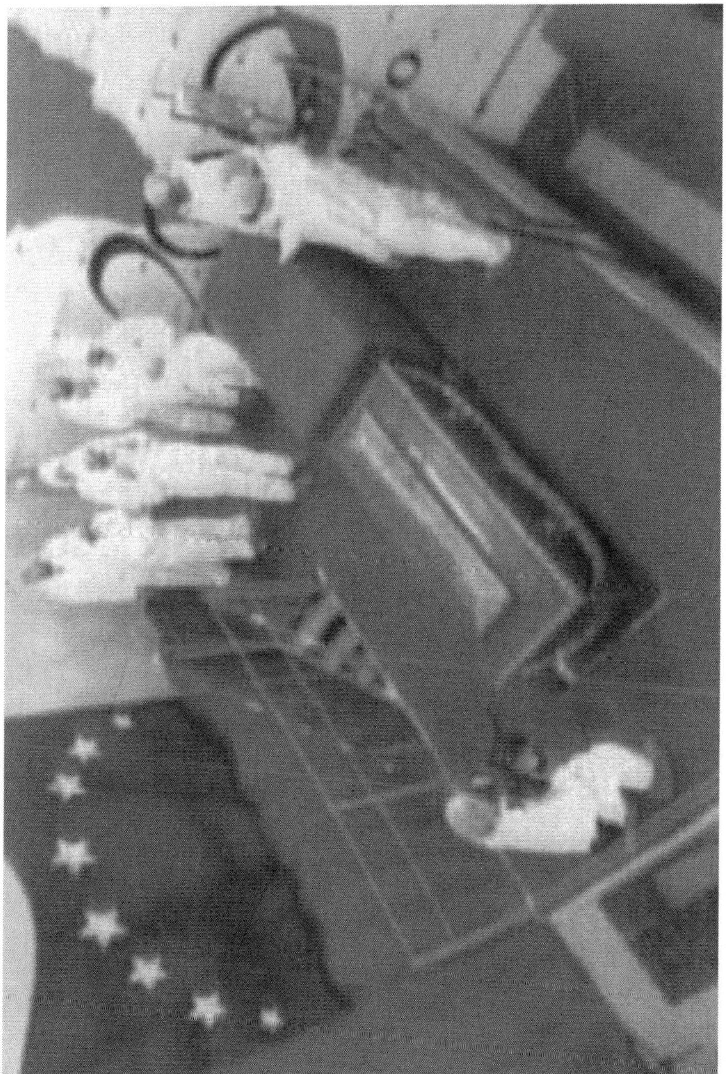

Imagen 1: Exhumación (Foto Reuters VTV [http://www.noticias24.com/actualidad/noticia/163595/durante-exhumacion-de-restos-de-bolivar-yo-los-vi-llorando-a-todos-lloramos 2:01pm 16/7/2010])

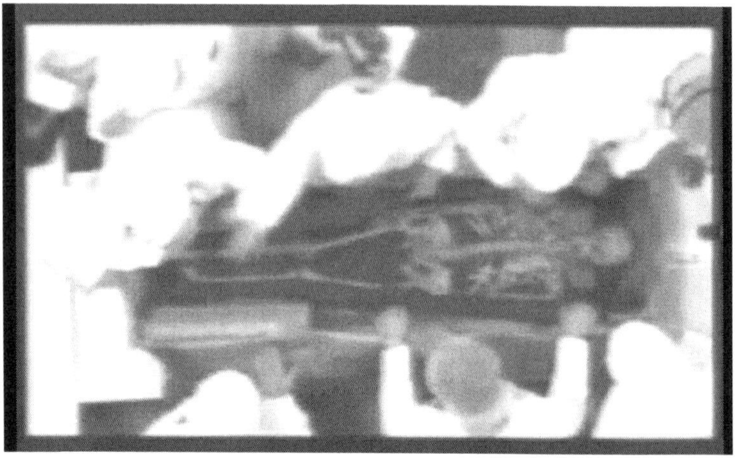

Imagen 2: Sarcófago abierto (http://www.google.com/images?q=exhumaci%C3%B3n+de+los+restos+de+bol%C3%ADvar&rls=com.microsoft:en-us:IE-SearchBox&oe=UTF-8&rlz=1I7ADBF_en&um=1&ie=UTF-8&source=univ&ei=WgBOTY74JIL98AaKp6SdDg&sa=X&oi=image_result_group&ct=title&resnum=11&ved=0CHUQsAQwCg&biw=1252&bih=831 [1/4/2011])

Cuando hemos entrado ya a la segunda década del siglo XXI, ¿qué puede decirse de un país donde ocurren hoy este tipo de escenas como parte de la política de promoción del Estado? ¿Por qué siguen teniendo un peso tan fuerte no sólo la exaltación de los valores nacionales, sino un vocabulario con el que se descalifica a cualquiera que no quiera rendirle la "adecuada" solemnidad al Padre de la Patria y a su amante? ¿Por qué esa necesidad de revisar la historia y ajustar los símbolos patrios? ¿Es en Venezuela el único lugar donde esto ocurre o puede extenderse el tema/problema al resto de los países bolivarianos?

Estas preguntas constituyen el hilo conductor de este trabajo: en estos tiempos globalizados, qué ocurre cuando aún hay sociedades –como la venezolana– donde la mirada está en parte colocada hacia atrás, hacia los inicios del siglo XIX; cuando se utiliza la tecnología para despejar las dudas de si Bolívar murió envenenado o de tuberculosis (ése es el otro motivo de la exhumación de sus restos: el Presidente sospecha que murió envenenado y no enfermo) mientras no hay luz ni agua en varios sectores del país. ¿Por qué es tan importante que la espada de Bolívar siga recorriendo América latina?

No es, sin embargo, una exaltación provocada meramente por las conmemoraciones del Bicentenario y los delirios bolivarianos del presidente Chávez: el culto al Libertador Simón Bolívar, como explicaré más adelante, ha acompañado la historia republicana venezolana desde sus meros inicios. Justo antes de la llegada de Chávez al poder, su mayor contendiente en las elecciones de 1998, Henrique Salas Römer, el ex-gobernador del estado Carabobo, aparecía montado en un caballo blanco –¿de qué color es el caballo blanco de Bolívar?– en las propagandas televisivas. Salas Römer no lucía tan majestuoso como el Bolívar que retratan los óleos, pero la "simbología" era evidente. No sólo aparecía en un caballo blanco, sino que iba galopando con un nutrido grupo por el propio campo de Carabobo –mostrando el recientemente remodelado arco triunfal que lo encabeza–, lugar donde ocurrió la batalla que los venezolanos conmemoran como la definitiva en la gesta contra España.

¿Cómo puede un colectivo vivir como si permanentemente estuviera representando el guión de una telenovela de época? ¿Qué puede significar que un pueblo, a lo largo de doscientos años, no haya variado sustancialmente en la idea que "sueña" de sí mismo?

No tiene nada de excepcional que un país, un continente, le rinda tributo a sus orígenes. Sin embargo, el énfasis desbordado y constante a esa época debiera poder explicarse más allá de una mera excentricidad del caudillo de turno, una artimaña dentro de las campañas electorales o –como seguramente siga siendo leído desde afuera–, la manifestación "mágica" (irracional, bárbara) de un país caribeño.

Para ir delineando algunas respuestas, he organizado este libro en dos partes tituladas "El culto a Bolívar en Venezuela" y "Bolívar en la ficción, la plástica y el cine latinoamericanos".

La primera, "El culto a Bolívar en Venezuela" –la más extensa–, está dividida a su vez en cinco capítulos: "Consideraciones generales", "Antecedentes imprescindibles: Carrera Damas, Castro Leiva y Salas de Lecuna", "La lecturas del culto a Bolívar en el siglo XXI: Pino Iturrieta, Caballero, Straka y Torres", "Nacionalismos banales" y "El culto a Bolívar según Hugo Chávez". El objetivo fundamental ha sido profundizar en la historia de dicho culto e indagar en las razones y mecanismos enunciativos que le han permitido, tanto al presidente Chávez como a sus antecesores, recurrir a la simbología heroica fundacional de la nación como corolario de su gestión.

Existe una bibliografía bastante reciente sobre el tema, aunque toda discusión al respecto debe comenzar con el primer libro que se ocupó de denunciar los efectos devastadores del culto (el cual se inició en 1842, cuando fueron repatriados pomposamente los restos del "Libertador" a Venezuela): se trata del ya clásico *El culto a Bolívar. Esbozo para un estudio de la historia de las ideas en Venezuela* (1969) de Germán Carrera Damas, al que luego siguieron otros dos textos fundamentales y contrapuestos: *Bolívar y la historia en la conciencia popular* (1987) de Yolanda Salas de Lecuna y *De la patria boba a la teología bolivariana. Ensayos de historia intelectual* (1991) de Luis Casto Leiva.

En la primera década de este siglo XXI, aparecieron cuatro ensayos –acompañados de un éxito de venta sin precedente–, escritos por figuras prominentes dentro del campo de la oposición venezolana, que cuestionaron severamente el afianzamiento excesivo del presidente Chávez en la figura e ideario bolivarianos. Se trata de *El divino Bolívar. Ensayo sobre una religión republicana* (2003) de Elías Pino Iturrieta; *Por qué no soy bolivariano. Una reflexión antipatriótica* (2006) de Manuel Caballero; *La épica del desencanto. Bolivarianismo, historiografía y política en Venezuela* (2009) de Tomás Straka; y *La herencia de la tribu. Del mito de la Independencia a la Revolución Bolivariana* (2009) de Ana Teresa Torres. Todos estos textos reflexionan a propósito de esa veneración por la época independentista y su héroe máximo, dentro del imaginario venezolano actual; mientras permiten –con las limitaciones y alcances que propondré más adelante– realizar un balance sobre este fenómeno.

La obsesión con la historiografía patria y, sobre todo, con la traición sufrida por el "Libertador" al final de su vida, está intrínsecamente unida a la cuestión nacional, a los diversos mapeados y desmoronamientos de los proyectos de nación que han ido marcando la totalidad de la historia republicana venezolana. Los delirios bolivarianos del presidente Hugo Chávez no son entonces, de ninguna manera, una "anomalía" dentro del acontecer venezolano, más bien se presentan como una constante dentro de su propio desarrollo. Desprenderse de esa obsesión implicaría darle la espalda a cierta concepción de la nación; implicaría una re-lectura y re-escritura de la historia y del concepto mismo de nacionalidad. No debe olvidarse, además, que los ideales de unión a nivel continental, continúan colocando a Bolívar como núcleo de inspiración, por lo cual en ciertas instancias –sobre todo dentro del ámbito de las letras, el cine y la plástica– la vida del héroe y su canonización siguen siendo objeto de reflexión tanto en el orden venezolano como latinoamericano.

Uno de los aspectos en los cuales me detendré con mayor detalle en esta primera parte es en los mecanismos políticos, sociales e ideológicos que han continuado demarcando con tanta fuerza el imaginario bolivariano actual. Me interesa indagar en las razones por las cuales, en Venezuela, la presencia del Padre de la Patria y su ideario han ido permeando con igual fuerza todas las esferas del espacio público (y, en algunos casos, incluso el privado). Lo letrado, lo oficial, lo informal y lo popular han estado siempre determinados por ese culto, a pesar de expresarse de muy diversas maneras en cada uno de sus casos. Los imaginarios que componen hoy la nación venezolana tropiezan, a cada momento –tal como ocurrió siempre–, con ese modelo. En todas sus instancias, el culto responde a la necesidad de recrear y reforzar ese ideario, mientras se evita –excluye o penaliza– cualquier tipo de elaboración/representación que no contenga de alguna manera una perspectiva bolivariana no solo de los orígenes, sino del presente y futuro de la nación. Esto ocurre, como veremos, en la medida en que no existe ninguna otra referencia simbólica que pueda aglutinar, con una fuerza equivalente o al menos aproximada, a la sociedad venezolana como conjunto.

El culto a Bolívar se constituye así en una categoría política sobre la cual se sigue sustentando, aún en estos inicios del siglo XXI, el imaginario nacional y, en ciertas instancias, también el continental. Gracias a un discurso populista, antiimperialista y militarista, el presidente Chávez ha logrado fortalecer un culto que se perfila una vez más, en su carácter mesiánico, como el único camino a seguir para alcanzar el pleno desarrollo de la nacionalidad.

Me concentraré muy particularmente en el análisis de los mecanismos a través de los cuales el Presidente ha logrado revitalizar esta presencia, enfatizando el rescate del ideario bolivariano como una de las herramientas más importantes para poder enfrentar muchos de los conflictos hasta ahora irresueltos dentro de la sociedad venezolana (muy en especial, las diferencias sociales escondidas tras las tremendas divisiones económicas y raciales que, antes de su irrupción en la vida pública venezolana, no eran tomadas en cuenta dentro del discurso político nacional).

En no pocas oportunidades, Chávez también ha logrado "sustituir" al héroe por su propia persona en determinadas coyunturas, con lo cual ha ido ocupando él mismo, y no sólo el héroe, un espacio destacado dentro de cierta tendencia nacionalista latinoamericana: antiimperialista, anti-neoliberal y socialista/de izquierda, que se ha ido expandiendo gracias al uso "inteligente" de la tecnología comunicacional más avanzada y al excedente petrolero con que ha contado en buena parte de su mandato. De esta manera, el Presidente se presenta a veces como un discípulo privilegiado del Padre de la Patria: esa fuerza irrevocable que nace, como recordara Pablo Neruda, cada cien años en América, y que logra catalizar todo lo demás; aunque también lo vemos como una "nueva" y revitalizada encarnación, quien no sólo concentra en su persona las virtudes, carisma y actitudes de su glorioso antecesor, sino que pudiera incluso superarlo pues cuenta con recursos con los cuales éste no pudo contar. Chávez ha intentado cambiar –y dirigir– el mapa geo-político latinoamericano, colocándose a la cabeza de la atención mundial con sus actos irreverentes frente al gobierno de los Estados Unidos, aliándose a sectores políticamente incorrectos dentro del imaginario occidental y repartiendo dinero a manos llenas. La empresa continental que Bolívar emprendiera, Chávez ha intentado exportarla mucho más allá de la geografía americana.

Por otro lado, me interesa detenerme en esa marcha al unísono –aparentemente tan singular en sus excesos–, entre ese pasado desde donde se explica y sustenta el orgullo fundacional de la nación (con frecuencia acompañado de grandes despliegues materiales y simbólicos que se conectan directamente con el desarrollo y defensa de un nacionalismo exacerbado) y el empleo competente de los avances forenses más sofisticados –es el caso, por ejemplo, de la exhumación de los restos del

"Libertador"–, así como el uso y abuso de las estrategias mercadotécnicas y comunicacionales más recientes.

En América latina han ocurrido otros casos de apropiación simbólica del cuerpo o partes de figuras históricas: el brazo del general Álvaro Obregón en México, Evita Perón en la Argentina, las manos del Che Guevara[3], pero me importa acercarme a los alcances particulares del culto a Bolívar en esta primera década del siglo XXI y preguntarme el por qué del lugar preponderante que continúa ocupando dicho culto dentro del imaginario venezolano y regional.

La ideología nacionalista del bolivarianismo actual no se ocupa meramente del pasado, es un fenómeno ideológico muchísimo más complejo: dialoga indiscutiblemente con dicho pasado pero, al mismo tiempo, lo hace desde un presente comprometido en la construcción imaginaria de un futuro de gloria –percibido en su anhelo comunicacional incluso como superación de los logros originales–, que debe erigirse como compensación ante los fracasos iniciales, en la medida en que sus esfuerzos no fueron debidamente reproducidos y/o defendidos. No se da solamente como una banalidad de cuño venezolano, sino que se desarrolla bajo un aplanamiento mediático de la historia y la memoria de la sociedad contemporánea como conjunto[4].

Friedrich Nietzsche en su ensayo "Sobre los usos y desventajas de la historia para la vida", la segunda de sus cuatro *Consideraciones intempestivas* publicadas entre 1873 y 1876 (las otras tres se ocupan de Strauss, Schopenhauer y Wagner, respectivamente), hace una distinción que me interesa mucho a propósito de la historia (tanto la Historia con mayúscula como con minúscula y la historiografía –no pareciera ser importante, para él, marcar diferencias entre ninguna de las tres–) y dentro de la cual quisiera enmarcar estas reflexiones. Nietzsche explica que los seres humanos necesitamos de la historia porque no podemos alejarnos con comodidad de la vida y de la acción. Lo histórico y lo a-histórico van siempre unidos y por ello, en franca oposición al historicismo que prevalecía en su época, sostiene que hay tres tipos de historia que deberían estar siempre presentes

---

[3] Ver Ibsen Martínez 2005 y Sarlo 2005.

[4] El germen de estas últimas ideas se lo debo a la siempre estimulante inteligencia y generosidad de Julio Ramos.

cuando se estudia –y representa– el pasado de una nación: una historia *monumental*, una historia *de anticuario* y una historia *crítica*.

La primera, la *monumental*, es la que recoge exclusivamente los grandes momentos, encarnados en un gran héroe (casi siempre un "hombre"), en quien se concentra la creencia de la grandiosidad humana: si este ser superior fue capaz de existir una vez, habrá la posibilidad de que vuelva a hacerlo (por ello se celebran festivales populares y aniversarios religiosos y militares en su honor). Este tipo de reflexión/representación olvida, sin embargo, nos recuerda Nietzsche, que la historia nunca puede repetirse (por ello los hombres se ven obligados a depositar dichas esperanzas en invenciones poéticas imposibles de alcanzar).

A la representación *de anticuario*, por otra parte, recurren quienes prefieren concentrarse en lo ya conocido, en aquello que les es familiar, y por ende reverencian lo viejo (es una mirada que no se concentra en el futuro, como hace la monumental, sino que se ha quedado estancada en el pasado).

Por último está la historia *crítica*, a la cual le dedica menos espacio en su explicación que a las dos anteriores. Se basa en la duda y la ironía y, por consiguiente, necesita realizar un juicio de valor que acompañe el balance de lo que haya podido ocurrir en el pasado; puede conllevar así una condena a la representación y/o celebración de ese pasado.

Estas tres historias son fundamentales "para la vida", afirma Nietzsche, aunque muy pocas veces aparece la tercera, aquélla con la cual podríamos cuestionar y desestabilizarlo todo, así sea solo en apariencia y por escasos momentos.

Con este libro pretendo llevar esta última categorización a sus máximas consecuencias. Como ejercicio crítico, querría proponer que la historia, una vez leída/recreada/analizada, además de *recordar* nos podría ayudar también a *olvidar*. Este esfuerzo permitiría pensar lo que hemos sido –irremediablemente unido a lo que se nos ha narrado/representado–, a partir de un grado cero: sin las culpas/responsabilidades, esperanzas y errores del pasado; permitiría vernos de una manera "diferente", que tal vez posibilitaría crear por fin "otros" caminos. En Venezuela y el resto de los países bolivarianos, esa continua remembranza del pasado no nos ha conducido, en ninguno de sus casos, a derroteros venturosos.

Estoy consciente de la utopía que este ejercicio interpretativo implica, pero precisamente por eso mismo pienso que puede ser interesante, al menos por un instante, intentar recorrer ese camino, deslastrarnos de ese peso exacerbado de nuestro acontecer histórico político. Seguimos marcados –estancados– en una consciencia histórica que se aferra al pasado aún cuando en apariencia vista trajes nuevos; con ello, se sigue proponiendo únicamente una lectura monumental y de anticuario no solo del pasado, sino del porvenir.

Para terminar, y como complemento imprescindible de mi investigación, me pareció necesario analizar ciertas instancias que se han ocupado precisamente de proponer esa lectura a quemarropa del pasado: el cuestionamiento a la omnipresencia del Libertador Simón Bolívar tanto en la historia como en el presente latinoamericano. Sobre esto se dedicará la segunda parte del libro, que se aleja un tanto de la política propiamente dicha para indagar en ciertas representaciones culturales y textuales, y sus relaciones con la figura histórica.

"Bolívar en la ficción, la plástica y el cine latinoamericanos", el título de la última parte, está divido en tres capítulos: "El Bolívar de García Márquez", "*El gran dispensador* de Manuel Trujillo: las debilidades del héroe nacional" y "'La silicona del libertador' y *Bolívar soy yo*: representaciones *críticas* del culto bolivariano".

Me interesa contraponer primero dos usos muy diferentes de las fuentes historiográficas en la construcción del personaje Simón Bolívar. La novela *El general en su laberinto* (1989), de Gabriel García Márquez, ha sido leída como una revisión novedosa con respecto al prócer: una representación que dibuja a un Bolívar "más humano", como hasta ahora no había sido presentado. Sin embargo, al hacer una lectura más detallada, el texto se convierte en algo bastante diferente a lo que hasta ahora se ha afirmado en la extensa bibliografía especializada. Se ha obviado la presencia de un acontecimiento fundamental, que constituye –junto al viaje por el río Magdalena– el elemento aglutinador de toda la narración: el atentado que sufrió el "general" en Bogotá, el 25 de septiembre de 1828, orquestado por su mayor enemigo de todos los tiempos, el también general Francisco de Paula Santander. Voy a mostrar en qué medida, al final de la lectura, aunque tengamos la imagen de un héroe en desgracia, enfermo y traicionado por todos, no dejamos de encontrarnos con una de las mayores sacralizaciones del Libertador Simón Bolívar, muy similar a la que ha sido construida repetidamente por la historiografía bolivariana más recalcitrante.

Como contrapartida, el estudio de *El gran dispensador* (1983) me permitirá observar un uso en verdad "diferente" de estas mismas fuentes historiográficas, con la intención explícita de enfrentar las elaboraciones tradicionales con respecto al carácter del héroe y su desempeño en la gesta emancipadora. La novela se ocupa de revisar uno de los episodios más controversiales de la historia bolivariana –que García Márquez solo trata muy de pasada, como hace con todos los demás casos en que ha sido cuestionada la figura heroica–: el juicio y fusilamiento del general de color Manuel Carlos Piar bajo las artimañas del entonces presidente Simón Bolívar.

El último capítulo es "'La silicona del libertador' y *Bolívar soy yo*: representaciones *críticas* del culto bolivariano". Allí me ocupo de los otros dos registros mencionados en el título de este libro: una pintura de Juan Dávila y la película colombiana *Bolívar soy yo*.

En 1994, una postal del reconocido artista chileno Juan Domingo Dávila desató los más airados reclamos, por parte de los gobiernos bolivarianos, cuando fue distribuida en Londres durante una exposición (financiada por el gobierno de su país) porque reproducía el detalle de un lienzo de gran formato, donde mostraba a un Simón Bolívar *travesti*, sexualmente muy voluptuoso, con rasgos negroides y haciendo una seña "vulgar" con su mano izquierda. *El impasse* diplomático y la postal en sí me permiten introducir en la discusión los temas raciales y de género sexuado que poco han aparecido en relación a la figura histórica, junto al cuestionamiento directo a toda la iconografía heroica.

Por último, cierro con la película colombiana de Jorge Alí Triana, *Bolívar soy yo* (2002), que muestra los alcances delirantes de la veneración al "Libertador" en la actualidad de los países bolivarianos, a la vez que insiste en la mente enferma del héroe, trastocado esta vez en galán de telenovela. Una de las proposiciones más importantes de esta cinta tiene que ver con las estrechas relaciones entre la violencia, que ha recorrido de punta a punta la historia de Colombia, y el culto a Bolívar en sus personificaciones y lecturas más diversas: lo letrado, lo oficial, lo informal y lo popular. La última escena de la cinta nos muestra una masacre, de la que no ha podido salvarse ninguno de los personajes de la telenovela/película: todos, absolutamente todos, están muertos. Ese final devastador pareciera querer mostrarnos cómo incluso, aunque Bolívar volviera de la tumba con sus mejores intenciones, los problemas de Colombia no se resolverían. Pareciera proponerse la definitiva e inevitable desaparición del héroe, junto a todos los que han creído o se han valido de él, como único camino para construir otro final, ¿o será más bien un comienzo? La historia, su estudio y representación, además de *recordar* nos podría también ayudar a *olvidar*.

****

La reflexión sobre los temas anteriormente expuestos comenzó, aunque poco sistemáticamente, hace muchos años, a partir de mi regreso a Venezuela luego de haber pasado once años fuera. Uno de los aspectos que más me llamó la atención al mudarme de vuelta a mi país, a principios de la década de los noventa, fue el uso recurrente de la simbología nacional –escudos, banderas, colores–, que por primera vez comenzaba a reproducirse en calcomanías que se adherían a los cristales y la carrocería de los automóviles del desde entonces insufrible tráfico caraqueño, así como en las más diversas prendas de vestir (gorras, bolsos, camisetas, cinturones, toallas…). Había observado un fenómeno similar en los Estados Unidos, lo cual me había resultado siempre muy extraño: la unión explícita entre las referencias patrias y el mercado.

Ya en la década de los ochenta, cuando comenzó el desbarajuste mundial en los precios del petróleo y ocurrió la primera de las múltiples devaluaciones que ha sufrido, en los últimos treinta años, la moneda: el bolívar –no Bolívar–, me había percatado de la publicación de varias novelas que colocaban a los héroes y la época de la independencia en el centro de su narración, justamente cuando comenzaba a desmoronarse la ilusión de "progreso", modernización y abundancia de la Venezuela petrolera. Entre estas narraciones me interesó muy en especial *El gran dispensador* (1983) de Manuel Trujillo, poco conocida aún hoy en día, y la única –como veremos más adelante– que en realidad cuestiona las lecturas de ese período (así como la conquista y colonización españolas), para insistir en la violencia escondida tras todo el entramado en que suele sustentarse el glorioso pasado nacional. Seis años más tarde, en 1989, Gabriel García Márquez publicó *El general en su laberinto*, que si bien suele ser leída –y vendida– como una mirada renovada con respecto a la visión tradicional del héroe, desde la primera lectura me pareció una novela "tramposa" en la que me comprometí conmigo misma a trabajar más adelante.

Comencé a interesarme entonces, a principios de la década de los noventa, en el culto a Bolívar en Venezuela y dicté un par de cursos sobre el tema en la Universidad Simón Bolívar, donde trabajaba. Además de leer entusiasmados los ensayos de Carrera Damas, Yolanda Salas de Lecuna y Castro Leiva, envié a mis estudiantes de pregrado a recorrer la ciudad de Caracas e investigar la vigencia de los símbolos patrios, así como explorar las interpretaciones que los más diversos grupos de la población le daban a dicha presencia.

En 1999 llegó Hugo Chávez al poder y el tema se me convirtió en urgencia: su irrupción en la vida política nacional cambió para siempre mi manera de ver y sentir el país. En el verano de 2005, cuando iniciaba una investigación sobre las relaciones entre guerra, prensa y nación en la época independentista venezolana, decidí abandonar por un tiempo el siglo XIX y enfrentar esos fantasmas.

Syracuse, abril de 2011

Agradecimientos

Todo lo que se escribe está siempre impregnado de lecturas, conversaciones e intercambios de todo tipo. Quisiera dejar constancia de algunas personas sin las cuales este trabajo habría padecido de aún más entuertos.

Agradezco la oportunidad que me brindó el Instituto de Literatura Iberoamericana de la Universidad de Buenos Aires, en septiembre de 2005, para leer mi trabajo inicial sobre el tema de los "nacionalismos banales" (muy en particular a Gabriel Giorgi y Alejandra Laera, interlocutores agudos de esos primeros pasos), así como a Abril Trigo y Álvaro Fernández Bravo cuando lo presenté en un posterior congreso de LASA. El 18 de noviembre de 2006, ofrecí otra versión en la Universidad de California en Berkeley, en el "Symposium on Culture, Memory, and Power: Reinventing Venezuela", organizado por Julio Ramos (gracias a Julio, Tulio Halperín Donghi, José Rabasa y Javier Guerrero por sus oportunos comentarios en esa ocasión).

Syracuse University, mi lugar de trabajo en estos últimos seis años, me permitió disfrutar de un semestre libre en la primavera de 2008. Estoy muy agradecida a mis colegas en la Sección de Español, por el apoyo constante durante todo este tiempo (en especial a Gail Bulman y Kathy Everly); le doy las gracias además a Karen Omes, quien me ayudó con las imágenes. Como profesora que soy, no puedo dejar de expresar mi gratitud a los estudiantes de postgrado con quienes he tenido la dicha de compartir mi seminario "Nación(es) y ciudadanía(s) en América latina", tanto a los de Syracuse, como a los de la Universidad Simón Bolívar y Stanford University.

Le debo mucho a Nathalie Bouzaglo, quien me acompañó con su lectura en cada etapa de este libro; también a Julio Ramos, Ana del Sarto, Abril Trigo y Marco Cúpolo, lectores agudos de muchas de estas páginas, mejores interlocutores no he podido encontrar. A Matilde Mateo,

Anadeli Bencomo y Gina Saraceni, ¡muchas gracias!: la amistad, apoyo e intercambio de tantos años se ven también reflejados en muchos lugares a lo largo de todo este trabajo.

Por último, quisiera hacerle un reconocimiento especial a mi madre, Carmen Mago Van Pragg, primera "escuchadora" y cómplice entusiasta –gracias al Skype– de cada una de estas líneas.

Primera parte:

El culto a Bolívar en Venezuela

Capítulo I

Consideraciones generales

En su más reciente ensayo, *El insomnio de Bolívar. Cuatro consideraciones intempestivas sobre América Latina en el siglo XXI* (2009, Premio Iberoamericano Debate Casa de América), Jorge Volpi afirma: "Durante el siglo XIX y la mitad del XX, los ideales bolivarianos quedaron sepultados en medio de las guerras, invasiones, golpes de Estado y dictaduras que infestaron a América Latina; fuera de unos cuantos intelectuales, nunca demasiado influyentes, las nuevas naciones se desentendieron de su herencia" (146). Esto puede ser cierto en la mayoría de los países latinoamericanos, pero no lo es en el caso de los países bolivarianos (Venezuela, Colombia, Ecuador, Perú y Bolivia) y, muy en particular en el primero, donde el Libertador Simón Bolívar ha sido erigido en el protagonista de un culto a su persona y sus ideas que ha persistido durante toda su historia republicana, incluida la primera década de este siglo XXI. Un culto que no solo contó con la anuencia de muchos intelectuales, generalmente aliados y justificadores del poder de caudillos y dictadores a todo lo largo del siglo XIX y mediados del XX, sino de los presidentes de la Venezuela democrática (a partir de 1958) y que además cuenta con una vertiente popular bastante alejada de su versión oficial.

Simón José Antonio de la Santísima Trinidad Bolívar y Palacios murió en la quinta de San Pedro Alejandrino, en la costa atlántica colombiana, solo, despreciado y pobre –según relata la mayoría de la historiografía bolivariana–, a muchas leguas de su ciudad natal (Caracas), el 17 de diciembre de 1830. Poco antes había muerto en una emboscada su más fiel amigo y colaborador, Antonio José de Sucre, el Gran Mariscal de Ayacucho, y Venezuela se había separado de la Gran Colombia, su mayor sueño. José Antonio Páez, su más temido contendiente de esos años, o tal vez de siempre, se erigía en su primer presidente[5].

---

[5] Antes de Páez, su mayor contendiente había sido el general pardo Manuel Carlos Piar, pero éste había sido mandado a fusilar oportunamente en 1817 luego de ser juzgado y condenado por sedicioso, desertor y por promulgar "la guerra de colores". En Venezuela se llamó "pardos" a

En esa Venezuela recién separada y, por primera vez, realmente independiente, los estragos luego de la guerra eran inocultables[6]: a nivel teórico los acuerdos habían sido muchos (hasta una nueva constitución fue aprobada); pero la convivencia "real" era cada vez más difícil: prevalecían diversos bandos enfrentados, múltiples promesas no habían sido cumplidas y, sobre todo, había muy pocas sobras que repartir.

Para 1840 –diez años después de su muerte– la situación era prácticamente insostenible. Por ello, los encargados de erigir el nuevo Estado buscaron desesperadamente cómo legitimar el régimen vigente: qué mejor recurso que llevar los carcomidos y olvidados restos del "Libertador" para que descansaran en su "verdadero" hogar y recuperar, así fuera momentáneamente, el resplandor de épocas pasadas o, al menos, el que alguna vez se soñó tener.

Las pompas fúnebres se realizaron el 17 de diciembre de 1842 sin desaprovechar el más mínimo detalle: los letrados aprovecharon para expresar de viva voz todas aquellas alabanzas que se habían visto obligados a callar ... El encargado de presentar la proposición oficial había sido nada menos que Páez, quien ya en 1833 le había solicitado al Congreso que fueran repatriados sus "restos inmortales" y quien nunca perdería la oportunidad de "imitar" a Bolívar –dicen que incluso en su gesticulación– consciente, desde entonces, del peso abrumador de su figura para todos los venezolanos[7]. A partir de 1842 su culto ha venido marcando los momentos más importantes de la historia nacional y la sombra de Bolívar se ha convertido en censora y modelo, al mismo tiempo, de las acciones de mayor envergadura del Estado y de su cuerpo

todos aquellos que tuvieran alguna mezcla de sangre negra, así fuera en antepasados remotos (ver Lynch 192-193). Desde la Nueva Granada –lo que es hoy Colombia–, su mayor enemigo fue sin duda alguna Santander.

[6] La guerra independentista venezolana ha sido catalogada como la más sangrienta de toda Hispanoamérica, luego de los sucesos del siglo anterior en Haití. A Venezuela fue enviado el mayor número de soldados españoles, en particular en 1815 con la expedición de Pablo Morillo (ver Stoan 1974 y Sosa Llanos 1995).

[7] Lo mismo hizo poco más de un siglo después Carlos Andrés Pérez, quien aparecía en los retratos oficiales, durante su primera presidencia (1974-1979), con unas patillas que imitaban a las del "Libertador". Aunque Pérez llegó aún más lejos: poco antes de su segunda elección, en 1989, inauguró en su pueblo natal, Rubio –cerca de la frontera colombiana–, una imagen de Bolívar con las manos extendidas como solía hacerlo él mismo en sus caminatas electorales.

social. Bajo Antonio Guzmán Blanco (1870-1887), cuando se realizaron las conmemoraciones correspondientes al Centenario del nacimiento del héroe, se le inyectó nueva vitalidad al culto. Según Luis Ricardo Dávila, es propiamente a partir de Guzmán Blanco "cuando el culto al héroe se convierte en política de Estado" (2006 245 y 1996 60-61).

El culto a Bolívar en Venezuela constituye un dispositivo unificador del imaginario social ante el cual las diferencias y conflictos deben –al menos en principio– dejarse a un lado[8]. El monumento material y simbólico que se erige en torno al padre de la patria capitaliza la fuerza social y se constituye en el centro aglutinador de los relatos no solo del origen sino, ante todo, del futuro nacional: "Bolívar experimenta una performatividad permanente. No es el que fue, ni el que está, sino el que vendrá" (Mora García 5). Como consecuencia, los aciagos momentos y actos heroicos de las guerras fundacionales han sido permanentemente recordados como incentivos frente a los obstáculos del presente y la garantía de que podrán llegar mejores tiempos, siempre y cuando se retomen los extraviados pasos marcados por el mesías republicano. En este contexto, la vida "ejemplar" del Libertador Simón Bolívar y sus innumerables escritos se han constituido en fuente envidiable de recursos y la biblia laica del acontecer ciudadano. El problema ha estado siempre, expresa en su mayoría la historiografía bolivariana, en las injusticias cometidas contra el héroe nacional y su patria, por lo que nunca se anticipa una reflexión más problematizadora sobre ese pasado (presente y futuro) de la nación.

En otro lugar (Ríos 1998) mencioné la importancia que la prensa del período independentista venezolano –en particular en la *Gaceta de Caracas* y el *Correo del Orinoco*– tuvo en los primeros trazos hacia lo que allí catalogué como una "militarización de la memoria" sobre la cual se asentó y aún hoy se asienta el pasado histórico venezolano. Este pasado se fue construyendo, desde sus meros inicios, sobre las bases de una frustración, toda vez que Venezuela no alcanzó el deseado resplandor –al cual se catalogaría luego como "Desarrollo" y hoy como "Socialismo

[8] En el 2005 apareció en Buenos Aires el libro de Martin Kohan, *Narrar a San Martín*, donde puede constatarse el uso de los mismos recursos en la formación del héroe argentino.

del siglo XXI"– en la medida en que su fundador murió solo, lejos de la patria, y su proyecto no fue adoptado nunca realmente, hasta ahora: ése es uno de los presupuestos fundamentales de la revolución "bolivariana" que preside Hugo Chávez Frías (la cual a partir del 2006 es además "socialista"). Con la Constitución Bolivariana de 1999, el país pasó a llamarse República Bolivariana de Venezuela. Lo bolivariano no solamente marca lo nacional, sino que no puede permitirse ningún otro tipo de afiliación o militancia y, mucho menos, el rechazo a la figura del Padre de la Patria. Ya lo había alertado Luis Castro Leiva en 1991: "Bolívar es considerado el punto de referencia para todo ciudadano. Ser bolivariano es igual a ser venezolano" (11).

De muchas maneras, es como si Chávez necesitara no solamente reinventar la historia de Venezuela sino reinventar su propia vida, llena de guerras fratricidas que él debe comandar (muy en particular contra la hermana República de Colombia), junto a traiciones y atentados a su persona (como sufriera su insigne antecesor). Aunque se recurra al ideario esbozado por la figura histórica para elaborar, a partir de allí, los presupuestos ideológicos del Estado, se recurre con mucha más fuerza a su legado militar.

El éxito militar frente a España ha sido explicado reiteradamente como el sorprendente triunfo de Bolívar –y los suyos– frente a un pueblo que nunca supo entender la magnitud de la gesta que emprendía, a pesar de que en realidad él tampoco creía que sus compañeros de lucha estuvieran preparados para ejercer las virtudes republicanas. De allí su insistencia en controlar las instituciones y, muy en particular, su defensa de los gobiernos centralistas, no federales. Según él, en realidad era imposible alcanzar una verdadera democracia porque había capas de la sociedad que no cumplían con los requisitos mínimos para ser ciudadanos, no sólo en el ámbito político, sino incluso en el moral.

Las Historias de Venezuela se han concentrado, básicamente, en hacer un recuento de las acciones bélicas más importantes que se llevaron a cabo durante los años de esta sangrienta guerra y en exaltar todas las acciones en las que el "Libertador" tuvo una injerencia directa o indirecta (es tal el peso de esta visión, que los años en que Bolívar estuvo de campaña por el Sur del continente suelen ser muy poco estudiados: la mayoría de estas historias incluso se van con él y sólo retoman el escenario venezolano cuando regresa)[9]. A partir de allí, las fechas patrias –las fechas de asueto nacional y marchas militares–, giran en torno a estas mismas acciones bélicas y, por supuesto, a su nacimiento o muerte. Toda la vida nacional oficial se ocupa de conmemorar y recordar el "glorioso" pasado nacional, pasado que pareciera concentrarse casi exclusivamente en el período de la gesta contra España. Consecuentemente, al Padre de la Patria se le recuerda primeramente por su componente militar, más que como a un hombre de ideas. Si bien se remarcan sus contribuciones al Estado-nacional, es su figura heroica la que prevalece en el imaginario nacional.

Hasta hace poco más de una década no había habido otro momento de la historia patria venezolana que mereciera recordatorio, con la única excepción del 23 de enero (de 1958), cuando se conmemora la caída del último dictador, Marcos Pérez Jiménez. En la reescritura que Hugo Chávez ha venido realizando de la historia venezolana, se ha comenzado a incorporar a otras figuras además de Bolívar, en particular a su maestro Simón Rodríguez, a Ezequiel Zamora (caudillo de la Guerra Federal, 1859-1863) y a Maisanta (un antepasado del mismo Chávez quien se enfrentó a Juan Vicente Gómez, el otro dictador del siglo XX en Venezuela, bajo cuyo mandato desarrolló su tesis del "gendarme necesario" Laureano Vallenilla Lanz, luego de repensar los efectos de la guerra de independencia en las masas populares). De nuevo, dos figuras –Zamora y Maisanta, específicamente– que contribuyen a esa militarización de una "renovada" memoria nacional. Sin contar con que se ha incorporado el 4 de febrero (de 1992), día del frustrado golpe militar encabezado por Chávez contra Carlos Andrés Pérez, como nueva efeméride. Es lo que Ana Teresa Torres ha destacado enfáticamente: "Una patria, entonces, que pertenece a los héroes guerreros y no a los ciudadanos pacíficos" (16), y donde dichos héroes "no descansan en el Panteón Nacional; por el contrario, andan sueltos. Saltan de sus lienzos y aterrizan en el asfalto, cortean los automóviles, se introducen en internet, protagonizan la prensa y la televisión, y nos amenazan con su omnipresencia" (11).

[9] A propósito de las primeras Historias de Venezuela, ver Hebrárd 292-295.

Lo más interesante (y particular) es que esta militarización no está restringida exclusivamente al terreno oficial: también forma parte constituyente de la memoria popular y, me atrevería a sugerir, incluso *personal* de los venezolanos. En Sorte, la famosa montaña del occidente del país donde se le rinde culto a Maria Lionza[10], junto a su imagen se venera a la del "Libertador", además de al indio Guaicaipuro, a Negro Primero y a José Gregorio Hernández[11]. La Corte de Simón Bolívar o Corte Histórica está compuesta por los espíritus de Bolívar, Sucre, Páez y Negro Primero, entre otros (a ella se le añaden, en algunas oportunidades, espíritus "históricos" como John F. Kennedy, Juan XXIII, el general Gómez, y hasta Hitler y Stalin [Martín 162-163]). Aunque Guaicaipuro forma parte del pasado pre-hispánico, a partir de 2002, al incorporarlo al Panteón Nacional, se le convirtió en un héroe nacional que, como señala Frédéric Martínez, "es un prócer más, un héroe republicano con plumas", a través del cual se permite mostrar, desde los orígenes más remotos de la nación, "la figura del bravo pueblo venezolano" (248).

Baste preguntarle a un grupo de niños, jóvenes o ancianos qué frases célebres podrían recordar y seguramente citarán al "Libertador": "Si mi muerte contribuye a que cesen los partidos y se consolide la unión...", "Españoles y canarios, contad con la muerte..." o, tal vez, "Si la naturaleza se opone lucharemos contra ella y haremos que nos obedezca". No en balde, a partir de la década de los ochenta del siglo XX, una de las materias obligatorias tanto en la escuela primaria como en la instrucción militar se llama "Cátedra Bolivariana" y tiene como función principal hacer que los niños o los soldados se familiaricen con el Padre de la Patria y conozcan su pensamiento[12]. El primer colegio judío, fundado en Caracas a finales de

[10] Diosa central de una de las religiones más practicadas en Venezuela. Fue hija de un cacique indígena y una mujer blanca; sus rituales mezclan profusamente ritos indígenas, católicos y de santería (ver Salas de Lecuna 49-58 y 95-120, así como Torres 67-74).

[11] Los dos primeros habían sido figuras marginales dentro de la historiografía oficial hasta muy recientemente: Guaicaipuro, cacique que se enfrentó heroicamente a los primeros conquistadores españoles en el centro del país, y Negro Primero, oficial de color del ejército libertador. José Gregorio Hernández (1864-1919), médico, quien combinaba sus conocimientos científicos con rituales cristianos y de santería, muy cuestionado por la Iglesia católica.

[12] Desde la llegada de Chávez al poder, se han incorporado horas de adiestramiento militar en los colegios, pues los estudiantes deben estar preparados para defender el país ante una inminente invasión norteamericana o colombiana.

los cuarenta, tenía por nombre unas de sus más famosas frases: "Moral y luces" (tributo explícito de anexión, o al menos respeto, a los valores allí encontrados). Cuando un fiscal de tránsito se dirige oficialmente a una persona en la calle, no puede decirle señor, señora o señorita, debe utilizar la fórmula legal correcta: ciudadano, lo cual no se repite en ninguno de los otros países latinoamericanos, donde la ubicuidad del vocabulario ilustrado no pareciera tener tanto peso.

Las "gloriosas notas" del himno nacional de Venezuela han sido transmitidas, desde hace al menos treinta años, a través de los medios audiovisuales privados y oficiales cada seis o doce horas. Los canales de televisión aprovechan la variada geografía nacional (las playas, los médanos, la selva o las montañas) para mostrar, mientras se escucha la música, imágenes de estas distintas regiones y/o sus habitantes, o se proyectan retazos de los lienzos más representativos de la gesta heroica. Al himno nacional se le acompaña de aspectos importantes del imaginario geo-social venezolano que deben ser asociados a los valores patrios. Su melodía es exactamente la misma que acompaña la canción de cuna más popular con la cual son arrullados los bebés venezolanos; además de haber sido tomada una de sus frases más interpeladoras: "Atrévete… A seguir el ejemplo que Caracas dio", como el slogan de la campaña electoral del candidato opositor Manuel Rosales, cuando Chávez fue reelegido a un segundo mandato presidencial en noviembre de 2006.

Todo esto sin contar con que, por decreto presidencial del Ilustre Americano, Antonio Guzmán Blanco, a partir de noviembre de 1872, cada plaza principal y las oficinas públicas debían colocar una imagen de Bolívar, lo cual se ha mantenido desde entonces (los "petrodólares" han ayudado a regalar esculturas del héroe a diversos países o ciudades por todo el mundo).

Encontramos, por último, al propio Chávez, quien si bien a los inicios de su incursión política se reconocía como responsable de devolver a los venezolanos el verdadero –y único– sentido de lo nacional, reverenciando el pasado heroico, cada vez más pareciera sentirse él mismo la reencarnación del Padre de la Patria (tanto, que su imagen ha venido sustituyendo a la de Bolívar en no pocas oficinas públicas). Con orgullo así lo llevan sus seguidores, dibujado a Bolívar y a Chávez, en algunas de las pancartas caseras, en una misma figura (es la fotografía que he colocado en la tapa y contratapa de este manuscrito: un Chávez joven, vestido con el traje militar del "Libertador"). Aunque la presencia de la etapa fundacional de la nación y la exaltación a su héroe máximo ha sido una constante dentro de la historia venezolana, creo que Chávez constituye el momento culminante de esta apropiación, en la medida en que corona dicho proceso.

Véronique Hébrard en "El hombre en armas: de la heroización al mito (Venezuela, siglo XIX)" ubica los inicios de esta memoria e identidad militar aún antes de comenzar el culto a Bolívar. Propone tres momentos en los cuales comenzó a construirse esta identidad: primero con el "Decreto de guerra a muerte" (1813), luego con la formación de la Gran Colombia (1819) y, por último, con el inicio de la República de Venezuela propiamente dicha (1830), cuando el centro del poder estaba en manos de José Antonio Páez, una vez elegido su primer presidente.

Hébrard desarrolla extensamente cómo se pasó de elogiar el pasado indígena y colonial al pasado independentista, y en qué medida en la última etapa se enfatizó la memoria particular y local ("cada región debía tener su héroe y demostrar así su contribución a la formación de la patria común" [295]), además de culparse temporalmente a Bolívar de todos los males que sufría el país (por haberse alejado de él, así como intentar establecer una monarquía); se dotó a Páez "de todas las cualidades del patriota en armas" (292) y éste ocupó el lugar que había tenido el "Libertador" hasta ese momento. El "hombre en armas, con su presencia masiva en la esfera de lo político y como referente de identidad, constituye el elemento estructurante de esta voluntad de fundar la nación y, actualmente, de refundarla sobre nuevas bases" (295). Puede entenderse así, en parte, el papel preponderante que sigue teniendo el ejército en nuestros días en el imaginario nacional, por la "simple" razón que no han logrado concretarse los ideales propuestos desde los inicios nacionales y muchos siguen imaginando esta institución como el puente a ese pasado glorioso:

> La refundación de la nación venezolana pasa necesariamente por el fortalecimiento de la institución militar que debe erigirse en columna vertebral de la nacionalidad, tal como empezó a hacerlo durante la guerra de independencia. Ahora bien, esta invocación de un pasado glorioso se apoya

> sobre una lectura parcial de la historia de la institución armada y, más allá, sobre el gran mito patriótico venezolano: el mito de Bolívar (296-297).

Con ello, Hébrard ve la llegada de Hugo Chávez a la escena política como el último capítulo dentro de esta clara tendencia militarista que ha permeado la política, la memoria y la identidad venezolanas desde sus orígenes[13]. De muchas maneras, Chávez representa el agente histórico por excelencia dentro de la narrativa nacionalista y militarista entroncada en el interior del imaginario nacional. Aunque no es necesario el militarismo para construir un imaginario nacional ni sus mitos, en Venezuela sin duda éste ha sido el caso.

Por su parte, el historiador Manuel Caballero describió el "militarismo" como la tendencia que "pretende organizar la sociedad tomando como modelo el cuartel", a diferencia de la "dictadura militar simple", la cual "se contenta con copar el aparato del Estado" (11). Según él, en el caso venezolano hay dos factores que explican la preponderancia de los hombres de armas en el ejercicio del poder: la desaparición física de las clases (y de las castas) dominantes bajo la monarquía y el carácter de guerra total, de guerra de exterminio de la independencia (13); sin contar con el carácter militar del propio Bolívar, creador del ejército venezolano en cuanto tal (218).

Por último, Germán Carrera Damas –en *El bolivarianismo-militarismo. Una ideología del reemplazo* (2005)– explica hasta qué punto el propio Bolívar comenzó esta tendencia militarista: en una carta del 21 de abril de 1821, dirigida al general Antonio Mariño, le confió que el Presidente de Colombia debía ser un militar; estableció así esa idea al "privilegiar el poder militar sobre el civil, que ha sido nefasta para la democracia venezolana, probablemente porque olvidó subrayar la transitoriedad de su recomendación, ni tuvo la prudencia de limitarla, terminantemente, a las circunstancias que rodeaban el acto fundacional" (171).

Como veremos suele ocurrir en el caso de Carrera Damas, luego de "cuestionar" al héroe patrio, al concentrarse básicamente en el Bolívar dictador, éste termina afirmando que el problema se debe en verdad más

[13] Ver Uzcátegui 142-149.

que al prócer, a los militares venezolanos posteriores; aunque no deja de reiterar, en relación a la situación venezolana actual, que "En tiempos no menos difíciles es oportuno [...] que los venezolanos nos alejemos del sepulcro de Bolívar, para que él pueda dormir en paz su alta gloria" (2005 161).

Consecuentemente, Carrera Damas confronta la lectura que hiciera José Gil Fortoul de un Bolívar demócrata y civilista, retomada por cierta tradición bolivariana, y se concentra más bien en el "legado oculto" del Bolívar dictador y autocrático de los seguidores del culto, y en "el persistente y razonado rechazo de la democracia que corre en el pensamiento y la acción política de Bolívar" (172-173). Ésta es, según él, la tradición que manejaron primero Guzmán Blanco (1870-1877, 1879-1884 y 1886-1887), luego López Contreras (1936-1942), y que ahora sigue Hugo Chávez (1999-2021?) al proponer su "bolivarianismo-militarismo"[14]. Es interesante acotar que Carrera Damas destaca los efectos devastadores del culto a Bolívar en los gobiernos dictatoriales que ha sufrido Venezuela –donde incluye el de Hugo Chávez–, sin detenerse en su importancia también en los gobiernos democráticos.

Me gustaría añadir que otra de las razones de la preponderancia del culto militarista a Bolívar –más que las demás dimensiones del culto: el Bolívar liberador de los esclavos, el Bolívar anti-imperialista o el Bolívar pensador de la patria grande latinoamericana– y de los valores de la época independentista radica en la convicción de que la etapa de fundación de los diversos Estados-nacionales no logró consolidarse, de la manera esperada, en parte porque el Nuevo Mundo no había contado con el tiempo y la "lógica" que había acompañado los procesos europeos (pocos se han detenido a analizar, en profundidad, en qué medida dichas lógica y temporalidad podrían depender más de una construcción ideológica, de una "narración", que de una "realidad"). Es decir, se pensaron –y aún se piensan– los procesos francés, inglés e incluso el norteamericano –los que, desde entonces, más interesaron– como movimientos uniformes, sin fisuras, ante los cuales los hispanoamericanos estaban en franca

[14] Para un recorrido más completo sobre otros momentos similares de apropiación del culto ver Carrera Damas 2005 391-420.

desventaja. La historia de América latina, con sus éxitos y fracasos, se sigue leyendo hoy –como entonces–, desde "adentro" y desde "afuera", como consecuencia/réplica de lo que ha ocurrido en Europa (y, en menor medida, en los Estados Unidos), de allí el contrapunteo que le caracteriza entre su condición post-colonial y su necesidad de modernización.

Por otro lado, la devastación en que quedó el territorio venezolano, luego de la guerra de independencia, poco podía posibilitar cualquier tipo de proyecto mientras no se concentrara en levantar, literalmente de los escombros, tanto la economía como a la población misma. De esta manera, el ideal decimonónico ilustrado de formación nacional quedaba como una tarea pendiente, a activarse a posteriori, en la medida en que había necesidades más urgentes. La mano dura de un militar será, desde entonces, la que se piense como más apropiada para enfrentar tamaños desafíos; aparte de que era con el ejército, en el caso específico venezolano, con quien se podía contar inmediatamente después de la guerra independentista (los civiles eran numéricamente muy pocos). Posteriormente, en ese mismo siglo, privaron las guerras fratricidas encabezadas, en su mayoría, por caudillos locales provenientes del ejército que muestran precisamente los alcances de dicha militarización.

Las diversas etapas de consolidación nacional han estado generalmente acompañadas de una institucionalidad bastante rígida y de una "renovada" constitución que se ha adherido y moldeado a las condiciones que se aspiraba alcanzar en cada momento (esto ha continuado hasta finales del siglo XX y principios del XXI: muchos de los países latinoamericanos, incluida Venezuela, han llevado a cabo recientemente procesos constituyentes para aprobar nuevas constituciones que posibiliten los cambios añorados). El ideal ilustrado –moderno– de formación ciudadana, que acompañó también de cierta manera la propia fundación americana, sigue en pie: la proposición de un ideal que podrá en algún momento realizarse, más allá de los desafíos que presente la propia "realidad"; esos mapas vacíos de los primeros colonizadores que fueron determinando cómo debía poblarse o "civilizarse" el Nuevo Mundo, que luego pasaron a constituirse en leyes e instituciones monárquicas o republicanas, que muy pocas veces contenían clausuras que en verdad pudieran implementarse hasta sus últimas consecuencias. Como bien ha comentado Jorge Volpi: "Paradoja latinoamericana: de un lado, la hipócrita veneración de las leyes escritas y, del otro, el burdo desprecio hacia su práctica" (97).

Quisiera en este punto, antes de adentrarnos con más detalle en la política venezolana actual, explorar una serie de ensayos aparecidos en la primera década de este siglo XXI que abordan el tema de las relaciones entre el culto a Bolívar y Chávez. Antes, sin embargo, debo hacer referencia a tres ensayos que comenzaron la discusión sobre el papel del culto a Bolívar en Venezuela.

Capítulo II

Antecedentes imprescindibles: Carrera Damas, Castro Leiva y Salas de Lecuna

El primero en cuestionar la visión omnipresente de Bolívar en la historia y la vida venezolanas fue el historiador Germán Carrera Damas con su libro *El culto a Bolívar. Esbozo para un estudio de la historia de las ideas en Venezuela*, recién en 1969. Allí, Carrera Damas parte de la siguiente hipótesis: "Imposible dar un paso en la vida venezolana sin tropezar con la presencia de Bolívar. ¿Cómo se ha producido tal hecho?" (21). Para responder a esta pregunta, desarrolla tres líneas fundamentales que componen la necesidad histórica del culto bolivariano en sus orígenes: como factor de unidad nacional, como factor de gobierno y como factor de superación nacional. Factores que aún hoy se conservan vigentes en la medida en que el culto bolivariano determina, a nivel tanto oficial como popular, una de las mayores –si no la mayor– fuerzas de cohesión nacional:

> ese culto es propiamente cuestión de orden político y social [...] Y es que el culto a la figura histórica de Bolívar dista mucho de ser una creación literaria, nacida del patrioterismo exaltado y de la sensibilidad súper excitada de uno o varios escritores. Dicho culto ha constituido, en propiedad de términos, una necesidad histórica [...] Su función ha sido la de disimular un fracaso y retardar un desengaño, y lo ha cumplido satisfactoriamente hasta ahora (42).

Dentro de su minucioso recuento de la historia de las ideas en Venezuela, a Carrera Damas le preocupa no disminuir "los méritos *reales* del Libertador" (22, énfasis mío): le interesa comprender y explicar el culto como hecho histórico. Por ello se detiene cautelosamente "En búsqueda de la figura histórica de Bolívar" (así es como se titula su segundo capítulo) que contrasta con la creada por "la historiografía exegética de su culto" (67). Elabora entonces a propósito de "los significados atribuidos y reales" del héroe carismático y llega a la conclusión de que Bolívar, por sobre todo, fue un "político realista" (quien supo adecuarse a las situaciones que le tocó vivir y sacarles su debido provecho), pero de quien la historiografía construyó un héroe carismático que podía suplir cualquier deficiencia:

> la vida de Bolívar condensa y ejemplifica admirablemente todo el proceso: desde la ciega y sincera convicción inicial hasta la amarga desilusión del final, pasando por un accidentado proyecto de captación y análisis de las razones de tan desdichado tránsito [...] De allí la necesidad histórica del culto bolivariano y la justificación de la exégesis ideológica (43).

Curioso, aunque determinante, este estudio de Carrera Damas: apunta el daño que el culto ha hecho a la vida nacional, pero necesita rescatar positivamente a la figura histórica. El mal está en los usos que se han hecho de Bolívar, su figura y sus ideas, no en los problemas que su propia gestión y visión pudieran tener. Como consecuencia, la presencia de Bolívar en el imaginario nacional fue –según él–, desde sus inicios, un factor no sólo de unidad nacional, sino la identidad misma del Estado-nacional. La "magia del Estado" (sobre la cual han trabajado más recientemente Michael Taussig y Fernando Coronil) comenzó a construirse precisamente en 1842, en el momento en que se repatriaban los restos del "Libertador", y se consolidó bajo Guzmán Blanco, bastante antes del estallido petrolero. Al respecto, Luis Ricardo Dávila ha complementado, muy acertadamente, ambas dimensiones: "Bolívar, el 'culto' heroico y la Nación pueden ser vistos como una de las más importantes articulaciones ideológicas, políticas y sociales que cohesionan a los venezolanos; la otra importante articulación de nuestra modernidad fue construida en torno a la condición petrolera de la nación" (1996 479). Dávila explica, además, de qué manera la aparición del oro negro y su impacto "fue simbólicamente relacionado con el mismo proceso independentista para construir una cadena de equivalencias que permitieron reforzar la unidad de la Nación a través de su condición petrolera" (493).

Una de las premisas más importantes del libro de Carrera Damas es explicar "la transformación de un culto del pueblo en un culto para el pueblo, y la vigencia del Héroe como plano más elevado de ese culto" (34), a lo cual se aboca en el último capítulo –titulado "La huella tenaz de un fundador"–, donde muestra una gran variedad de ejemplos, a veces paradójicos, del fenómeno.

Carrera Damas es el primero en mencionar las características religiosas del culto y catalogarlo como una "*segunda religión*, llamada a complementar en el orden cívico la función que la otra realiza en el orden espiritual" (61). Paralelamente, denuncia la inconsistencia de "vaciar la historia de la Independencia de la participación popular y convertirla en el hecho extraordinario de un solo hombre" (99). Por último, introduce el problema racial en sus representaciones; tema que, como ya vimos, ocupa aún un lugar importante en las discusiones a propósito de Bolívar:

> En ocasiones es tanto lo que se hace para acreditarlo como de raza blanca que [...] pareciera subyacer un complejo racial de los venezolanos cultos, y la necesidad de desmentirlo [...] De esta manera el símbolo y el arquetipo de un pueblo mestizo y mulato es un hombre que se diferencia de ese pueblo y que lo niega por su propia naturaleza étnica (211-212).

Por su parte, Luis Castro Leiva se ocupó de presentar en 1991, veintidós años después, una visión ahora sí abiertamente *crítica* –incluso en el sentido nietzscheano– del propio Simón Bolívar en su libro *De la patria boba a la teología bolivariana. Ensayos de historia intelectual* (compilación de siete textos escritos ente 1983 y 1988)[15]. Bajo una mirada eminentemente filosófica y retórica, a Castro Leiva le interesa "repensar el surgimiento de nuestra nacionalidad política" (9), para lo cual se aboca a la reconstrucción de los presupuestos de la modernidad venezolana, marcada por lo que él cataloga como las "tensiones entre la tradición teológico-política y la irrupción del republicanismo patrio" (12). Propone repensar las maneras en que la idea de Libertad –estandarte del pensamiento ilustrado– fue concebida y proferida (de allí el énfasis en la retórica) como un valor ético y político fundamental para los letrados de la época y, muy en particular, para Simón Bolívar.

Uno de los aspectos más relevantes de este estudio es que su autor, si bien sigue ocupándose del pensamiento bolivariano, fija su atención en la primera parte de su ensayo en otras dos figuras claves del período, dos patriotas letrados que ejercieron una gran influencia durante la Primera República[16]: Juan Germán Roscio y Miguel José Sanz. Hubo en esos

[15] En las páginas 128-131, de esta edición de 1991, que es la que estoy manejando, Castro Leiva cuestiona la lectura de Carrera Damas.

[16] Hubo tres Repúblicas en los tiempos independentistas, es decir, dos intentos de liberación de la Corona española antes de obtenerse la victoria definitiva: la primera duró dos años (de 1810 a 1812), la segunda poco más de un año (del 13 al 14) y la tercera desde el triunfo de la Campaña

años dos maneras de entender la libertad: una expresada por Roscio y Sanz y otra por Bolívar[17]. En la dinámica de fuerzas que se generó en su momento, obtuvo la victoria este último y con ello se desató lo que el mismo Castro Leiva califica como "un mal comienzo" (61) para la naciente república. Esto le da pie para desmontar críticamente el ideario bolivariano e incluso cuestionar la tan repetida idea del "genio" de Bolívar (69-70). "Un mal comienzo" que se acentuará aún más al unírsele las condiciones de abandono en que murió el héroe, caldo de cultivo para una religiosidad que ha marcado desde sus inicios al culto bolivariano. Las palabras martirio, apostolado, entrega, sacrificio e inmolación (89) lo han acompañado desde entonces y forman parte del "patetismo" a que se tiene acostumbrados a los venezolanos cuando se hace cualquier referencia a su vida.

Lo más interesante –y novedoso– de su lectura, es que Castro Leiva muestra cómo el culto fue instaurado no solamente por la historiografía posterior, sino por el mismo Bolívar, al inscribir su testamento en el marco de una muerte cristiana, testificando lo que debía seguir luego de su muerte (92-96): "En síntesis, el sujeto testador quiere, desea, deja como testamento el testimonio afectivo –por ello moral– de una idea de República patética, la idea de Colombia. Al hacerlo así trazó las bases para dejar una filosofía de la historia política venezolana, el historicismo bolivariano" (101), y con ello la instauración de una "religión civil" (105)[18].

La exaltación de la gesta bolivariana ha impedido una lectura diferente de la historia venezolana; lectura que ha sido repetida, según él, en el "*best-seller*" *El general en su laberinto* de Gabriel García Márquez (novela en la que me concentraré en detalle en la segunda parte). Me interesa copiar acá lo que Castro Leiva apunta al respecto porque da cuenta de la religiosidad escondida en la representación del prócer:

de Guayana hasta la incorporación de Venezuela a la Gran Colombia (1817 a 1819). La Cuarta República comenzó con Venezuela como Estado-nación independiente en 1830 y perduró hasta el ascenso de Chávez al poder (en 1999), quien decretó inmediatamente el inicio de la V República en su intento por refundar la nación e historia venezolanas.

[17] En *El bolivarianismo-militarismo. Una ideología del reemplazo*. Carrera Damas señala, más bien, dos alternativas representadas en Bolívar y Páez, 163.

[18] Sobre los cuestionamientos de Castro Leiva a una lectura católica del pensamiento y los textos bolivarianos, ver Virtuoso 101-107.

> Si Cristo es el Hijo del Hombre, y el patetismo de un Bolívar hecho hombre por la pluma de García Márquez, es una manera de humanizarlo, entonces el resultado es cuando menos paradójico. El hombre Bolívar de García Márquez, imbuido de patetismo y divinizado por el brillo literario, termina siendo la urna donde el héroe militar –un General– renace de las cenizas de nuestra culpa nacional (90).

De esta manera, incluso desde el ámbito de la ficción novelesca se promueve la idea de las injusticias cometidas contra el héroe y la necesidad, en consecuencia, de reivindicar su legado militar. Castro Leiva insiste en la urgencia de olvidar este modelo –"la retórica patética de nuestro patriotismo"–, de promover otras formas de leer la historia patria (incluido el propio Bolívar y su obra) y de concentrarse, sobre todo, en el fortalecimiento de "nuestra democracia participativa" (13), pues no hay que perder de vista que es desde el Estado donde se le ha rendido mayor culto al mito (aunque no deja de mencionar su importancia también a nivel popular).

En este compromiso por encontrar otra manera de entender y leer la historia venezolana, Castro Leiva propuso más adelante, en su "Discurso de orden con motivo del XL aniversario del 23 de enero de 1958" (leído ante el Congreso de Venezuela en 1998), la importancia de esta fecha como momento clave en ese rumbo diferente que debería haber llevado al país a un proceso pleno de modernización ideológica. El "Pacto de Punto Fijo" fue, para él, "la decisión política y moralmente más constructiva de toda nuestra historia [...] Fue la construcción racional del camino para pasar de un voluntarismo político sectario a la realidad de la división del poder político" (Serrano 117). Este "Pacto" fue un acuerdo firmado el 13 de octubre de 1958, luego de la caída en enero de ese mismo año de Marcos Pérez Jiménez, entre los representantes de los principales partidos políticos del momento: Acción Democrática, Copei y URD. Dichos representantes se comprometían a un programa de gobierno común donde todos respetarían los resultados de las elecciones. El acuerdo continuó vigente durante los siguientes cuarenta años de vida política liberal.

Con ese discurso, Castro Leiva intentó colocar a la sociedad civil, representada por los partidos políticos, en un lugar preponderante dentro del desarrollo político-social venezolano en momentos en que comenzaba a tener una fuerza abrumadora la llamada "anti-política" (el desmantelamiento de las diversas organizaciones políticas y la búsqueda de figuras que no tuvieran ningún tipo de afiliación con los círculos de poder preestablecidos). La severa crisis en la cual habían caído los partidos políticos –acusados de corruptos y de haber traicionado los ideales verdaderamente democráticos–, será precisamente uno de los principales motivos que llevará al poder al comandante (r) Hugo Chávez Frías en enero del año siguiente. Este último concretó una demonización de los cuarenta años anteriores, donde incluía a la Constitución de 1961, aprobada en los inicios democráticos. Para Chávez, tanto el Pacto como la constitución constituían la mayor "podredumbre" de la Venezuela pre-Revolución Bolivariana; sobre esta plataforma, unida al rescate de los ideales bolivarianos, ofreció "borrón y cuenta nueva" si se le permitía el acceso al poder, esta vez a través de elecciones.

Tal como ya he mencionado varias veces, no es sólo a nivel oficial que se le rinde homenaje "perpetuo" al Libertador Simón Bolívar, a nivel popular existe todo un repertorio de ritos, historias, imágenes y leyendas que dan cuenta de su ubicuidad a todo lo largo y ancho del territorio. La antropóloga Yolanda Salas de Lecuna realizó, pocos años antes de que saliera el libro de Castro Leiva, un trabajo de campo cuyos resultados publicó, *Bolívar y la historia en la conciencia popular* (1987). Allí Salas muestra "la visión heroica (mítica y mágico-religiosa)" (22) que el pueblo venezolano tiene del "Libertador" y, por primera vez, presentó un texto donde se introducen los diversos relatos del culto a Bolívar en la tradición oral:

> Es la historia que recupera su pasado y se formula en base a testimonios no necesariamente de aquellos que presenciaron los hechos, sino de los que lo escucharon y heredaron esos conocimientos [...] Es una historia popular que conoce los grandes hechos registrados por la historiografía como también los pequeños aportes locales, que generalmente permanecen en el rincón de las crónicas, anécdotas o leyendas. Es una historia popular que interpreta, critica, añade, corrige, con gran libertad, lo expresado por los historiadores, pues no está sometido al rigor científico exigido a éstos (22).

Salas explica que inicialmente escogió, para hacer su investigación, la ruta recorrida por Bolívar y los suyos en la llamada "Emigración a Oriente" (aunque luego amplió su radio de acción para poder obtener una visión más completa, además de visitar Sorte, en el occidente del país, y otros centros en Caracas donde se le rinde culto a María Lionza). La "Emigración a Oriente" fue uno de los episodios más sangrientos de la guerra independentista venezolana: en 1814, las personas blancas de Caracas salieron huyendo de la ciudad por el miedo generado ante la inminente llegada de José Tomás Boves, caudillo español que organizó a la gente de color para reivindicar la Corona y reclamarle a los amos los excesos que cometían contra sus esclavos. Muchas personas murieron en el camino y, con esta huida, se perdió la Segunda República.

En los testimonios recogidos por Salas, en Aragua de Barcelona (al oriente del país), se encontró un relato heroico con una doble vertiente: la épica de los vencidos y de los vencedores; "Esta [la del segundo grupo: los vencedores] se verbaliza en sagas familiares, la otra en relatos que narran la devastación de la guerra, pues la lucha de Independencia da pie para seguir relatando los alzamientos que la sucedieron" (26). En el centro del país, por su parte, el imaginario popular ha construido a un Bolívar mestizo, hijo de negra, en quien los esclavos primero, y los campesinos luego, depositan el anhelo de una vida mejor. Bolívar, según estos informantes, no nació en Caracas, sino en Capaya[19] –en la zona central de Barlovento, donde se concentra el mayor porcentaje de población afroamericana–; a él se invoca y se le canta en ciertos ritos religiosos, identificándolo en algunos casos con el mismo Jesucristo; a él se le atribuye el empeño por lograr la libertad de los esclavos, entre otras razones porque se piensa que fue hijo de una esclava negra o porque "su madre Doña María Concepción era de color" (45). También se recogieron relatos en Caracas que lo consideran "de filiación indígena, pero el nexo en este caso es metafísico y espiritual, no étnico, ya que el héroe nacional representa la reencarnación de Guaicaipuro, asumido como símbolo de identidad cultural y resistencia a la conquista y el dominio español" (47-48).

[19] "En Aragua dicen que nació en San Mateo, La Victoria o El Consejo, y en las cercanías de San Francisco de Yare que fue allí el lugar privilegiado. Un común denominador que rige estas opiniones: todas eran regiones donde la familia de Bolívar tenía posesiones" (47).

En estas interpretaciones populares, al Bolívar de los lienzos museísticos se le yuxtapone un Bolívar más humano, dadivoso, arruinado y traicionado por sus amigos, quien participa "en aventuras maravillosas como las experimentadas por los protagonistas del cuento mágico" (63). Su condición moral lo eleva a la categoría de héroe benefactor, al cual se le suman sus dotes extraordinarias de guerrero y sapiencia que lo signan como el elegido, fundador y Padre de la Patria. Salas agrega: "A Bolívar hay que rezarle como se le reza a los santos y alumbrarlo como con ellos y con las ánimas benditas o milagrosas. Por otro lado, su imagen materializada en la moneda que lleva su nombre hace de él una necesidad inevitable para sobrevivir la lucha diaria" (68).

De muchas formas, este "Libertador" que se escapa a la imagen blanca, criolla y oficial del culto, representa la respuesta –según Salas– de quienes cuentan una historia que por estar en la periferia no resulta menos "real" que la oficial. Una "consciencia popular" que se aferra con fuerza a una manera diferente, propia, de ver al mundo y su héroe; y que, por otro lado, no deja de recriminarle a los veneradores del culto oficial "la malversación del erario público [...] y la tergiversación del ideal de libertad propuesto y hecho realidad por Bolívar. Los políticos no han cumplido, pues mientras el pueblo se muere de hambre, ellos se desgarran en peleas y se ocupan de profanar la moneda" (69).

Estos tres autores –Carrera Damas, Castro Leiva y Salas de Lecuna–, enmarcados en un discurso académico/histórico/antropológico, dieron cuenta sistemática, por primera vez, del proceso de formación y consolidación del culto a Bolívar en Venezuela. Cada uno, a su manera, abrió el camino para las reflexiones que han venido dándose en este nuevo siglo. Los tres proporcionaron el primer esbozo para entender hasta qué punto dicho culto ha permeado la vida republicana venezolana en todas sus instancias y constituye el núcleo central del relato e imaginario nacionales.

Capítulo III

Las lecturas del culto a Bolívar en el siglo XXI: Pino Iturrieta, Caballero, Straka y Torres

Podría esperarse que todo el relato bolivariano que acabo de describir, en su vertiente oficial y popular, hubiera mermado durante la primera década de este siglo XXI, llena de adelantos tecnológicos inimaginables hasta hace muy poco: una sociedad globalizada donde todo pareciera al alcance de los dedos –para quienes cuentan, como siempre, con los recursos y las herramientas adecuadas–; un planeta que ha venido viviendo un proceso de cambios radicales en las maneras de comunicarse y que tiende a proponer una mirada "mundializada", marcada por la idea del intercambio trasnacional en las relaciones humanas; un territorio donde todos formamos parte de un espacio que, muchas veces, pareciera no tener fronteras. Un mundo, en fin, que necesita pensarse más allá de la idea de nación (Appadurai 158).

Pero no ha sido así en muchas partes y, en particular, en la Venezuela de Hugo Chávez. Como en el resto de la historia venezolana, el "Libertador" sigue teniendo una presencia abrumadora y constituye uno de los modelos preponderantes de la política estatal, acompañado de un nacionalismo exacerbado (probablemente, el único modelo realmente "claro" dentro de la ideología chavista a más de doce años de estar en el poder).

Las esperanzas de un país más justo, donde quienes hasta ahora no habían tenido un lugar y mucho menos una "voz", pudieran no solo expresarse sino *decidir*, constituyó una de las banderas esgrimidas por el teniente coronel (r) Hugo Chávez Frías cuando decidió competir por la Presidencia de la República como abanderado del Polo Patriótico (la coalición de la que formaba parte su recientemente creado Movimiento Quinta República, MVR). Lo hizo una vez indultado (el 26 de marzo de 1994) por el entonces presidente Rafael Caldera, luego de encabezar un golpe de Estado contra el presidente constitucional Carlos Andrés Pérez el 4 de febrero de 1992, haberse rendido delante de las cámaras televisivas, anunciar su famoso "por ahora"[20] y haber estado preso en la cárcel de Yare por casi dos años.

Las palabras de Luis Castro Leiva ante el Congreso en enero del 98, en el cuarenta aniversario de la caída del último dictador, Marcos Pérez Jiménez, donde proponía un modelo civil que profundizara en los logros alcanzados durante la Venezuela democrática, habían caído en saco roto: en las elecciones del 8 de diciembre de ese mismo año ganó abrumadoramente un ex-militar golpista. Luego de cuatro décadas de gobiernos civiles se retomó la esperanza de que bajo el mando de un teniente coronel retirado, elegido democráticamente, podrían lograrse los cambios hasta ahora no alcanzados. Los dos presidentes anteriores a Chávez –Carlos Andrés Pérez (1989-1993) y Rafael Caldera (1994-1999)– habían ejercido el mismo cargo por segunda vez (aunque Pérez no pudo terminar su segundo mandato: fue enjuiciado y despojado del poder), cada uno con la interrupción de dos períodos presidenciales entre su primer gobierno y el siguiente, tal como estipulaba la Constitución; el modelo de la democracia "puntofijista" –partidista– ya no parecía dar nada más. Fue una elección ganada con el apoyo –y la ilusión– de amplios sectores de la sociedad: parte importante de los medios de comunicación, los gremios universitarios y profesionales, los jóvenes… además de un altísimo porcentaje de la cada vez mayor población de menos recursos.

Los cuarenta años anteriores habían estado marcados por una muy desbalanceada distribución de las riquezas, el desarrollo y nacionalización de la industria petrolera, el enriquecimiento del sector empresarial, además de altos niveles de corrupción gubernamental. Por otro lado, se había

---

[20] Así se expresó Chávez, en cadena nacional, ese día: "Primero que nada quiero dar buenos días a todo el pueblo de Venezuela, y *este mensaje bolivariano* va dirigido a los valientes soldados que se encuentran en el Regimiento de Paracaidistas de Aragua y en la Brigada Blindada de Valencia. Compañeros: lamentablemente, *por ahora*, los objetivos que nos planteamos no fueron logrados en la ciudad capital. Es decir, nosotros, acá en Caracas, no logramos controlar el poder. Ustedes lo hicieron muy bien por allá, pero *ya es tiempo de reflexionar y vendrán nuevas situaciones y el país tiene que enrumbarse definitivamente hacia un destino mejor.* Así que oigan mi palabra. Oigan al comandante Chávez, quien les lanza este mensaje para que, por favor, reflexionen y depongan las armas porque ya, en verdad, los objetivos que nos hemos trazado a nivel nacional es imposible que los logremos. Compañeros: oigan este mensaje solidario. Les agradezco su lealtad, les agradezco su valentía, su desprendimiento, y yo, ante el país y ante ustedes, *asumo la responsabilidad de este movimiento militar bolivariano.* Muchas gracias" (énfasis mío).

consolidado –o eso parecía– una clase media profesional, con relativos niveles de profesionalización, que disponía de recursos y financiamiento para salir al exterior tanto a estudiar como a comprar: durante el primer mandato de Carlos Andrés Pérez (1974-1979), abundaron los viajeros venezolanos en Miami, Estados Unidos, famosos por su "'ta barato, dame dos". El bolívar –la moneda (no Bolívar, el "Libertador")– se había mantenido a un cambio estable de 4.30 con respecto al dólar por veintidós años, lo cual se traducía en compulsivos compradores "maiameros". La Venezuela saudita, como fue también llamada, aparentaba ser el lugar de las oportunidades: los precios del petróleo permitían los mayores excesos[21].

Pero toda esa ilusión comenzó a desmoronarse el "Viernes Negro", el 18 de febrero de 1983, cuando el entonces presidente Luis Herrera Campíns decretó el control de cambio. Las políticas económicas que éste intentó implementar a partir de 1979 no habían dado resultado. Desde ese momento se fue deteriorando cada vez más la situación: los precios del petróleo cayeron estrepitosamente, la deuda externa aumentó y el país no contaba con otros recursos rentables (aunque, como bien ha acotado Ana Teresa Torres: "La devaluación no era solamente un término monetario: incluía devaluación ética, devaluación de propósitos, devaluación del sistema democrático" [136]). Los mandatarios posteriores (Jaime Lusinchi entre 1984 y 1989, y los ya mencionados Pérez y Caldera en sus segundas presidencias) solo lograron acentuar el deterioro. Inevitablemente aconteció lo que Margarita López Maya ha catalogado como "fatiga de ajuste", "entendiendo por tal a una sociedad que por lo reiterado de los ensayos fracasados, pierde confianza en la capacidad de ese proyecto para superar la crisis" (22).

A pocos días de haber asumido su segundo mandato Carlos Andrés Pérez, con unas celebraciones que pretendían evocar a la Venezuela saudita, el Presidente decretó una política de ajustes económicos, abiertamente neoliberal, que se sometía rigurosamente a las exigencias del Fondo Monetario Internacional (FMI). La subida del precio de los pasajes

---

21 Ángel Rama se refirió a estos excesos, en particular en el medio cultural caraqueño, en su *Diario 1974-1983*.

urbanos fue el detonante para una revuelta popular, sin precedentes, que trastocó los cimientos de la sociedad venezolana:

> En la ciudad capital, así como en casi todas las ciudades principales y secundarias del país, tuvieron lugar barricadas, cierres de vías, quemas de vehículos, apedreamientos de comercios, balaceras y saqueos generalizados. La revuelta duró cinco días en Caracas, un poco menos en el resto del país. El saldo de pérdidas materiales y humanas fue altísimo; las muertes, conservadoramente calculadas en casi cuatrocientas, fueron en su mayoría de gente pobre, vecina de la capital. (López Maya 61)

El Caracazo o Sacudón, como fue llamada posteriormente esta explosión social que se inició el 27 de febrero de 1989, permeó a una Venezuela que se jactaba del ascenso y la movilidad social –el epíteto de Caracas, su capital, era "la sucursal del cielo"– y de una "paz" que, se decía, no se había dado por tanto tiempo en el resto de América latina (aunque Margarita López Maya ha estudiado ampliamente que ése, en verdad, no fue nunca el caso [61-84]). La represión por parte del aparato del Estado fue brutal.

La sociedad comenzó a escindirse más abiertamente. El temor de que "bajaran los cerros"[22] se había cumplido, y con ello los recelos acumulados entre quienes no tenían nada y las clases medias y altas afloraron a la superficie y allí se quedaron; también comenzaron a organizarse de manera más reflexiva ciertos sectores de la llamada "sociedad civil" y surgieron organizaciones políticas que promulgaban una comunidad más justa, que no le temía a enfrentar los errores de esos cuarenta años de "democracia".

Posteriormente ocurrió el golpe de Estado encabezado por Chávez el 4 de febrero de 1992, un segundo levantamiento militar el 27 de noviembre de ese mismo año –con el que éste no tuvo nada que ver– y una crisis política en la que Pérez fue sustituido, por el tiempo que aún quedaba de su mandato, por el historiador Ramón J. Velásquez.

Luego del segundo gobierno de Caldera, en diciembre de 1998, ganó abrumadoramente el teniente coronel (r) Hugo Chávez Frías con una plataforma reivindicadora de los más pobres y con la promesa de convocar

[22] La ciudad de Caracas está en un valle y las montañas que la rodean son llamadas "cerros", donde se concentra el mayor porcentaje de la población de menores recursos.

a una constituyente que se ocuparía de reformular la Constitución de 1961 –la "moribunda", como solía llamarla–, una de las principales responsables, según él, del colapso democrático. Chávez ofreció construir una democracia realmente participativa y protagónica (no simplemente "representativa", como hasta ese entonces).

Apenas ascendió al poder cumplió su promesa constituyente; de la misma forma, comenzó a darle al ejército un papel central –y "protagónico"– dentro del gobierno con su "Plan Bolívar 2000", con el cual se encargaba a las diversas fuerzas militares, no a las civiles, de la reconstrucción del país. Cristina Marcano y Alberto Barrera Tyszka, en una de las semblanzas más interesantes escritas hasta ahora sobre Chávez, han elaborado a propósito de la importancia de la simbología castrense en el presidente y, con un dejo irónico, destacan su propio ascenso militar una vez fue elegido: "Al juramentarse como nuevo Presidente, obtuvo también, como lo establece la Constitución y de manera instantánea, el cargo de Comandante en Jefe de la Fuerza Armada Nacional [...] Fue como un meteórico ascenso dentro de su carrera militar" (362). Con este triunfo muchos sintieron que finalmente estaban dadas las condiciones para enfrentar sin tapujos los graves problemas de la sociedad.

Con respecto a la Constitución de 1999, me interesa destacar los rasgos de inspiración "bolivariana" que contiene. En primer lugar, el cambio de nombre que se le dio al país: República *Bolivariana* de Venezuela. Por otro lado, la idea de un vicepresidente (aunque evidentemente no hereditario, como había propuesto Bolívar en su "Discurso al Congreso Constituyente de Bolivia", en Lima en 1826). Por último, a la trilogía clásica de poderes (Ejecutivo, Legislativo y Judicial) se le incorporó el "Poder Ciudadano" (compuesto por el Ministerio Público y la Contraloría General de la República) y la "Defensoría del Pueblo" ("novedosa institución de protección de los derechos humanos y guardián del correcto funcionamiento de los servicios públicos" [Combellas 8]). El/la Fiscal General, el/la Contralor(a) General y el/la Defensor(a) del Pueblo integran juntos el "Consejo Moral Republicano", "suerte de órgano supremo de unión y coordinación de políticas de prevención, investigación y sanción de hechos que atenten contra la ética pública y la moral administrativa"

(Combellas 8). Bolívar había propuesto en su "Discurso de Angostura", el 15 de febrero de 1819, ese cuarto Poder Moral:

> Meditando sobre el modo efectivo de regenerar el carácter y las costumbres que la tiranía y la guerra nos han dado, me he sentido la audacia de inventar un poder moral, sacado del fondo de la obscura antigüedad, y de aquellas olvidadas leyes que mantuvieron, algún tiempo, la virtud entre los griegos y romanos. Bien puede ser entendido por un cándido delirio más no es imposible, y yo me lisonjeo que no desdeñaréis enteramente un pensamiento que mejorado por la experiencia y las luces, puede llegar a ser muy eficaz (242-243).

Su deseo no fue cumplido en 1819, pero logró resurgir de cierta forma en la Constitución Bolivariana de 1999 gracias a las diligencias de uno de sus sucesores más notables.

Por último me interesa destacar que, a finales del primer año de gobierno de Chávez, ocurrió el peor desastre natural de ese agónico siglo XX en Venezuela: la "Tragedia de Vargas". El 15 de diciembre (de 1999) se llevó a cabo la consulta popular de un referendo vinculante para la aprobación del nuevo proyecto constitucional (ya se había llevado a cabo, a lo largo de ese mismo año, la elección de los miembros de dicha Constituyente y se había redactado la nueva constitución, cuyo borrador había sido elaborado por el mismo Chávez); mientras tanto llovía a cántaros por todo el país desde hacía varios días. El 16 de diciembre, al día siguiente de la consulta popular, El Ávila, la montaña que recorre por el norte a la ciudad capital, literalmente explotó hacia el lado del mar, vomitando agua y arrasando con todo lo que encontraba a su paso. Miles de personas murieron y muchas más perdieron sus viviendas. Para enfrentar el desastre, el presidente volvió a vestir una boina roja y su uniforme camuflado, equivalentes a lo que había usado casi ocho años antes, cuando el golpe militar; anunció ocuparse personalmente del plan de rescate y reconstrucción: "Tener a un antiguo militar dirigiendo al país, parecía una ventaja" (Gott 2005 152)[23] para muchos en esos momentos.

Su primera campaña electoral de 1998 había estado marcada por fuertes enfrentamientos verbales contra sus opositores. Un estilo de hablar

[23] A menos que se indique lo contrario, todas las traducciones son mías.

y gobernar que se ha ido exacerbando –y radicalizando– cada vez más durante estos doce años de gobierno. A pesar de que su primer discurso de aceptación en el "Balcón del Pueblo" (en el Palacio Presidencial de Miraflores) había tendido un puente a sus adversarios, desde entonces la "realidad" nacional se ha caracterizado por un enfrentamiento constante entre los dos bloques en que se ha solido dividir al país: los chavistas y los opositores. Evidentemente ésta es una caracterización falsa, pues los matices entre ambos extremos son absolutamente multicolores. Con todo, es la manera en que se ha venido describiendo el acontecer venezolano tanto desde los medios de comunicación –nacionales e internacionales– como desde los dos extremos del espectro político: Chávez y sus aliados siempre recuerdan que se está con él o contra él (sin posibles puntos medios) y lo mismo afirman (sin matices) los representantes más radicales de dicha oposición.

Esta polarización ha sido uno de los aspectos más desgastantes y negativos de la vida política venezolana más reciente: ha contagiado irreductiblemente cada esfera –social y personal– de la comunidad imaginada nacional. Al trasluz de dicha radicalización se ha leído *todo* lo que ha venido ocurriendo en el país. De muchas formas, ha aflorado lo más negativo de una sociedad que no está dispuesta a hacer concesiones frente al "enemigo".

***

Los párrafos anteriores fueron un apresurado recorrido de los momentos más emblemáticos que acompañaron la llegada de Hugo Chávez al poder. En el último capítulo de esta parte volveré a ello, destacando los momentos más significativos de sus once años de gobierno y resaltando algunas de las instancias en que el Presidente ha utilizado a la figura del "Libertador" como arma de combate ideológico, amén de su uso de los medios de comunicación y la más reciente tecnología. Desde esta perspectiva propongo que entendamos el culto a Bolívar como una categoría política, utilizada por partidos, sectores y clases sociales en distintos momentos históricos.

Me pareció importante comenzar haciendo referencia a esta polarización que ha sufrido Venezuela desde los inicios de la Revolución Bolivariana –como ha sido catalogado todo este "proceso" por el mismo Presidente– porque los cuatro ensayos en los que quiero concentrar mi atención ahora están enmarcados precisamente en esta coyuntura. Publicados durante la primera década del siglo XXI, los cuatro llevan a cabo un férreo y politizado cuestionamiento del culto a Bolívar a nivel general y, muy en particular, al uso de éste en manos del actual presidente.

Se trata de cuatro textos escritos por tres historiadores y una novelista-psicoanalista, todos de reconocida trayectoria. Los dos primeros corresponden a Elías Pino Iturrieta, *El divino Bolívar. Ensayo sobre una religión republicana* (2003) y Manuel Caballero, *Por qué no soy bolivariano. Una reflexión antipatriótica* (2006); los dos últimos, Tomás Straka, *La épica del desencanto. Bolivarianismo, historiografía y política en Venezuela* (2009) y Ana Teresa Torres, *La herencia de la tribu. Del mito de la Independencia a la Revolución Bolivariana* (2009).

Según algunos, habría que incorporar en esta lista el libro de Diego Bautista Urbaneja, *Bolívar, el pueblo y el poder* (2004). Pese a que Urbaneja efectivamente se refiere en algunos momentos de su interesante estudio al culto, no creo que sea oportuna su incorporación detallada aquí. Al tomar como punto de partida la idea de "pueblo" que se recoge en la propia escritura de Bolívar, Urbaneja realiza una relectura de su pensamiento político y de las que considera sus tres mayores influencias teóricas: Montesquieu, Rousseau y Voltaire. Se centra, pues, más en el pensamiento del Padre de la Patria que en las elaboraciones posteriores de su culto[24].

---

[24] Dentro de un espectro en principio más amplio, en el 2003 salió en inglés el libro de Christopher B. Conway titulado *The Cult of Bolívar in Latin American Literature*. Salvo en el caso de la novela de García Márquez, *El general en su laberinto* (que trabajaré más adelante), las referencias a la postal de Juan Dávila (que también analizaré en detalle en el tercer capítulo de la segunda parte) o un par de breves instancias dedicadas a lo que Conway llama "los catecismos" de Martí y Calle, la mayoría de los textos estudiados son venezolanos. Para una excelente reseña sobre este libro y el ya mencionado de Martín Kohan referido al culto de San Martín en la Argentina, ver Fernández Bravo.

a) Pino Iturrieta y Caballero

Elías Pino Iturrieta y Manuel Caballero constituyen una referencia obligada dentro de la historiografía venezolana, y aunque ambos se han ocupado de temas muy variados dentro de dicho campo, el primero suele asociarse más ampliamente con los estudios sobre el siglo XIX y Caballero sobre el XX[25]. Ambos, además, son miembros de la Academia Nacional de la Historia y publican con cierta frecuencia en la prensa capitalina. Es importante acotar también que los dos libros han arrojado éxitos de venta sin precedentes, precisamente por la coyuntura política en que se insertaron.

La religiosidad, que anticiparon tanto Carrera Damas como Castro Leiva, es el punto central de Pino Iturrieta, tal como se desprende del propio título: *El divino Bolívar. Ensayo sobre una religión republicana.* El libro comienza haciendo referencia a la copiosa bibliografía que se ha escrito sobre el tema bolivariano y a la dimensión popular del culto; esta última es la que intensifica, según él, los excesos con que "ha crecido el templo cívico hasta su colosal expansión de nuestros días" (10). A Pino Iturrieta –como antes hiciera Carrera Damas– le interesa mostrar las enormes diferencias entre el pensamiento del "Libertador" y los "extremos de demencia" (10) a los que puede llegar su devoción: extremos que no duda en calificar de "patológicos" (13, 23) y que han provocado que la figura del Padre de la Patria haya devenido en "tótem" (15).

El texto hace un recorrido muy completo por el culto a Bolívar a lo largo de toda la historia venezolana, desde la repatriación de sus restos hasta sus manifestaciones en la Venezuela actual de Hugo Chávez. También le dedica unas páginas a algunas lecturas elogiosas o problemáticas sobre el "Libertador" escritas fuera de Venezuela (68-132) y a desmontar las consecuencias del cambio de nombre que sufrió el país a partir de la Constitución de 1999 (232-336). Estas consecuencias, según el autor, afectan no solamente toda la historia previa y posterior de la vida del héroe, sino su misma figura.

---

[25] En diciembre de 2010, cuando escribo parte de este trabajo, acaba de morir Manuel Caballero.

Pese a prestarle especial atención a los dos momentos de mayor consolidación del culto: primero bajo Guzmán Blanco[26] y luego con el General Ezequiel López Contreras (1936-1941), lo que en verdad le interesa es mostrar los excesos chavistas de dicha religiosidad, para lo cual apunta interesantes coincidencias entre su uso bajo ambos militares y el actual régimen bolivariano. En el caso particular de López Contreras, Pino Iturrieta denuncia una evidente "utilización del héroe para un propósito de control político" (140), en la medida en que se realizaron, bajo su mandato, dos Congresos Bolivarianos, uno en 1938 y el otro en 1940, dedicados exclusivamente a discutir cómo aplicar el pensamiento bolivariano al gobierno: "Quiere que los discursos patrióticos dejen de ser la letra muerta de las ceremonias viejas para convertirse en recetas para la salud con el sostén del erario" (138).

La bibliografía más reciente sobre Bolívar –Mario Briceño Iragorri, Mariano Picón Salas, Carlos Irazábal, Augusto Mijares, Arturo Úslar Pietri y José Luis Salcedo Bastardo–, muestra en qué medida los acontecimientos de 1830, la traición al "Libertador", continúa leyéndose como "el pago de una penitencia. Nos matamos entre hermanos y sufrimos el cautiverio de las tiranías porque desterramos antes al profeta de la Divina Majestad. De allí los desastres del siglo XIX, la sangre vertida entre hermanos, la debilidad de las instituciones y el predominio de la antirrepública" (161).

Sin embargo, Pino Iturrieta se deja llevar por la diatriba política y lo que más le interesa es mostrarnos una caricatura del actual presidente y sus seguidores. Si bien nos presenta un muy iluminador recorrido del culto, el libro está plagado, a medida que se ocupa de los acontecimientos más recientes, de excesos y calificativos que poco dan cuenta del historiador mesurado a que nos tenía acostumbrados en su amplia bibliografía

[26] Según Pino Iturriera, Guzmán destacó muy especialmente la importancia de la novela *Venezuela heroica* (1881) de Eduardo Blanco, la cual muestra una imagen idealizada de la guerra de independencia venezolana, que esconde su abrumadora violencia. Al respecto comenta: "Eduardo Blanco se encarga de evitar una conexión excesiva entre el proceso de Independencia y las tribulaciones que produce. Cubre las facetas cruentas con un carmín espartano que las disimula [...] Nadie puede dudar de cómo el fabulador redacta admirables crónicas de las batallas de la época. El lector se da cuenta de cómo se enfrentan dos ejércitos hasta vencer o morir, pero contempla un grupo escultórico antes que una mortandad con toda la barba, un lienzo de museo en lugar de un exterminio capaz de sugerir reflexiones sobre las desgracias sucedidas entonces" (65-66).

académica (se acerca, más bien, al tono de los artículos de prensa que publica con bastante regularidad en el diario caraqueño *El Universal*, donde también colaboraba Caballero).

Bien adentrado el texto, Pino Iturrieta aborda uno de los focos fundamentales de su argumentación:

> a estas alturas de nuestro ensayo y del artificio que pretende denunciar convienen unas palabras menos equilibradas en las cuales no predomine, por ejemplo, el respeto sacrosanto por *la imaginación de la gente común* ni la admiración por las hidropesías del Panteón Nacional. En lugar de prudentes comentarios, quizá haya llegado la hora de reclamar una sensatez sin cuyo sostén la sociedad puede vivir la redondez del disparate (180, énfasis mío).

Peligroso y revelador, sin duda alguna, cuestionar "la imaginación de la gente común" para establecer una visión "sensata" frente a lo que ofrecen "los individuos sin luces" (10); con ello, Pino Iturrieta se aleja notablemente del tono acucioso de Yolanda Salas de Lecuna, quien había mostrado un profundo respeto por lo que expresaron sus informantes[27] (y con quien él mismo reconoce estar en deuda no solo por su libro *Bolívar y la historia en la conciencia popular* sino por sus "conversaciones [...] por el bolivarianismo fomentado por el presidente Hugo Chávez" [170]).

Este tono "violento" y más directo, pareciera justificarlo el mismo autor por el carácter de "ensayo" –en su expresión y reflexión– al que expresa acogerse desde el inicio de su escritura: "De allí que en el título [del libro] se anuncie expresamente la circulación de un ensayo en lugar de una investigación con toda la barba. Tal vez la subjetividad distanciada de los rigores de lo historiográfico rinda mayores servicios" (13) y, consecuentemente, pueda llamar "la atención de los acólitos cautivos" (13) para lograr acciones concretas que permitan acabar con tamaños improperios.

[27] Manuel Caballero, por su parte, también hará referencia al libro de Salas y descalificará a sus informantes: "El estudio de Yolanda Salas descubre, *al más bajo nivel posible, el de un pueblo poco o nada culto y quizás analfabeto*, la base para la formación del culto y de la religión bolivarianas, que la manipulación por los sectores dominantes y por los demagogos de todo pelo, explotarán hasta el cansancio" (154, énfasis mío).

Pino Iturrieta quiere dar una respuesta "sensata", de un investigador y conocedor profundo de la historia de Venezuela, a quienes siguen de cerca las continuas lecciones de Chávez, desde los medios de comunicación –muy especialmente desde la radio y la televisión–, sobre la manera en que debe ser leída dicha historia (lecciones plenas de excesos, excentricidades y "equivocaciones"). Para ello, asume el mismo tono agresivo característico del Presidente, al mismo tiempo que plaga de culteranismos su escritura. No deja de resultar interesante este "diálogo", en el cual asume el rol del "letrado"[28] ofendido que necesita poner orden en las ideas distorsionadas del gobernante de turno, pero que para ello recurre curiosamente al mismo tipo de metáforas aguerridas de su contrincante: "*La guerra es* contra los pontífices que se anuncian como sucesores y continuadores del grande hombre mientras martirizan a sus pueblos o los conducen al precipicio" (11, énfasis mío).

Así como el imaginario chavista pareciera querer llevarnos a muchos de los códigos de la Venezuela independentista, Pino Iturrieta –siguiéndole el juego al propio Presidente, no me atrevería a establecer si conscientemente o no– pareciera responder precisamente de la misma manera como lo hizo el "letrado" en el momento en que dejó de ocupar un espacio importante como vocero y articulador del poder.

Unido a esto, Pino Iturrieta denuncia el peso abrumador del componente militar en el actual gobierno:

> En la cabeza de Chávez ocupa gran espacio el papel redentor de las milicias y la marcha de la sociedad entendida como una gran batalla. En su mensaje los hombres de armas no están para cumplir un rol de cohabitación, la misión que recientemente habían desempeñado en la evolución de la democracia venezolana, sino para reanudar las faenas de la Independencia [...] Bolívar vuelve a redimirnos, como es usual, pero con las armas en la mano de los continuadores de un ejército que sólo ha estado esperando las órdenes del comandante adecuado (201).

Paralelamente, se ocupa de desmontar las bases ideológicas de dicho proyecto bolivariano, que lleva el culto a niveles de "espiritismo o de funciones gemelas" (186), que no duda en calificar de anomalía. Cuestiona

[28] A propósito de esta categoría, ver Rama 1984.

además muy enfáticamente el rescate que hace el régimen de la figura de Ezequiel Zamora, "soldado de pocas ideas y formación rudimentaria" (189) que para él no debería ser colocado a la par de Bolívar y su maestro Simón Rodríguez; al hacerlo, "el teniente coronel [Chávez] nos anuncia una guerra de liberación que será como una Segunda Independencia, la inclusión de Zamora en la 'doctrina' remite a una intención pensada en términos iracundos" (203).

Las últimas páginas del libro se ocupan de analizar precisamente ese componente religioso encerrado en los ritos chavistas. Pino Iturriera recuerda asombrado cuando, el 17 de diciembre de 2001, Chávez convocó a

> unos cincuenta mil adherentes a la avenida Bolívar de Caracas para que repitan el Juramento de Güere, esto es, las mismas palabras que el prócer todavía joven había pronunciado en Roma frente a su maestro Simón Rodríguez antes de que empezaran las guerras de Independencia [...] Ahora Hugo Chávez proclama el credo ante una muchedumbre y la involucra en la solemnidad de una promesa pública para que, como él personalmente en su papel de pontífice, la muchedumbre se convierta en un Bolívar multitudinario y concluya la historia que marcha sin solución de continuidad desde los tiempos del pasado heroico (226)[29].

Todo este rito ocurre frente a las cámaras de televisión, con Chávez y su micrófono trasportado a la etapa fundacional de la nación. El énfasis en la lectura de Pino Iturrieta está puesto en que nadie, desde la prensa o la televisión, una vez ocurrida la escena, "se atreve a comparar a la avenida Bolívar repleta entonces de fieles con una ceremonia de Fátima, o con una peregrinación a Lourdes, o con las modestas romerías de los venezolanos hacia el templo de su patrona la Virgen de Coromoto" (226). No se denuncia ni interpela a los ciudadanos en lo que "puede ser una secta de fanáticos [...] ¿Cómo levantarse ahora contra la ramificación de unos rojos bonetes fervorosos sin caer en la herejía?" (227-228). Anuncia,

[29] A propósito de este juramento, que no es seguro haya ocurrido, ver Rotker 1998. Manuel Caballero sostiene que "hay muchas razones para pensar que sea apócrifo, al menos en su versión más conocida. Muchas cosas hacen pensar que si no es obra exclusiva de Simón Rodríguez, tiene mucho de eso" (37). El historiador John Lynch, sin embargo, lo toma como cierto en su biografía *Simón Bolívar: A Life* (26-27).

indignado, cómo se han ido exportando los diversos ritos chavistas, muy en particular la espada de Bolívar y los llamados Círculos Bolivarianos[30], no solo al resto de América latina sino "incluso" al mismo continente africano.

En conclusión, Pino Iturrieta escribe alarmado sobre esa religiosidad republicana centrada en el Padre de la Patria, que promulga el actual presidente haciendo uso y abuso de todos los recursos del Estado. Un fervor religioso que si bien no es nuevo en el país, responde a un "desencuentro con la realidad" (238) que, según el historiador, debió haber sido superado hace ya mucho tiempo, y que anuncia la ausencia de "salud mental" (250) tanto en el Presidente como en sus seguidores. El conocimiento del país –propone– no pasa por Bolívar y el seguimiento de sus supuestas instrucciones (244) pues, como muestra la misma historia, el haberlo seguido tan de cerca nunca ha logrado proveer los resultados esperados.

Pese a lo anterior, Pino Iturrieta no quiere eliminar del todo la influencia del "Libertador": "¿Por qué no pensar en un ritual sin exclusiones, que permita salidas salvadoras para Venezuela sin menoscabo de la devoción tradicional?" (248). Para él, todas las sociedades necesitan no solo recordar su pasado sino tener héroes: "Todos los pueblos requieren una cuna de oro" (17), por lo que Venezuela no podría pensarse sin dicho pasado heroico.

Por su parte Manuel Caballero (como lo hiciera antes Castro Leiva, recordando que en los orígenes de la República hubo otra opción para pensar el país que no pasaba por los ideales bolivarianos) propondrá exactamente lo opuesto a Pino Iturrieta: olvidar dicho ideario, su tradición. De esta forma, tal como se indica desde el mismo título de su libro: *Por qué no soy bolivariano. Una reflexión antipatriótica*, a Caballero le interesa marcar una distancia con respecto al héroe patrio. Desmonta el sinsentido de continuar erigiendo a Simón Bolívar como el modelo a seguir en todos los planos de la vida nacional pues, como bien le interesa destacar: "la historia es la memoria colectiva de la humanidad, es el análisis del desarrollo de

[30] Los círculos bolivarianos son organizaciones de base creadas para la formación y difusión de las ideas de la Revolución Bolivariana dentro de la población.

los hombres en sociedad; y eso no puede reducirse a la acción de un solo hombre, por influyente que haya sido" (32).

El libro comienza con cinco epígrafes tomados respectivamente de Samuel Johnson, Sebastián Haffner, Fernando Savater, Umberto Eco, Jorge Luis Borges, Pablo Neruda y Simón Rodríguez, cuyas citas se entrecruzan más adelante dentro de su propia escritura. La de este último, el maestro del "Libertador": "... no hai cosa más patriota que un tonto", recorrerá toda su reflexión.

En el ensayo se alerta reiteradamente contra los nefastos nacionalismos que abrumaron el mundo durante buena parte del siglo XX y que continúan determinando, "bajo otras formas", los comienzos del XXI. En el caso específico de Venezuela, sostiene que el culto popular a Bolívar ha devenido en "un nacionalismo tonto si no fuese interesado y sobre todo pernicioso" (11), además de mostrar en qué medida dicho culto contribuyó a la anarquía que prevaleció en el país durante todo el siglo XIX, luego de la muerte del héroe nacional. Caballero propone que se deje a Bolívar "tranquilo" en el Panteón y que el Presidente le visite solamente los días patrios: ¡exactamente lo opuesto a lo que vimos hace el presidente Chávez!, quien no solo lo visita a cada momento, sino que exhuma sus restos, los de sus familiares, y lo reúne "simbólicamente" con su famosa amante Manuelita Sáenz.

Con una actitud explícitamente provocadora (que vimos está anunciada desde el mismo título del libro), Caballero afirma en su "Prólogo" que él no es bolivariano por la misma razón que no es antibolivariano (12): para él, este es un punto de partida falso si se pretende escribir en el marco del discurso historiográfico –otro sería el caso si lo que interesa hacer es "un panfleto político, filosófico y hasta histórico, pero no se estará frente a un libro de historia" (12) que es, precisamente, lo que él quiere presentar. Retoma entonces el epígrafe de Simón Rodríguez antes indicado para explicar de qué manera, haciendo alusión directa al presidente Chávez, "nada hay más peligroso que un tonto armado" (12).

Otra de las premisas del libro es que hay que atacar la idea de que todos "deben sentirse orgullosos de ser venezolanos" (13) por formar parte del país desde donde se inició la gesta heroica bolivariana; a lo que se debe en verdad aspirar es a que "el país se sienta orgulloso de contarnos entre los suyos" (13). De esta manera, Caballero inicia su relato desde una postura moral que podría leerse, por momentos, como una contradicción a esa "proposición no ideológica", "razonada" (12), de la que dice partir. Aclara que "como historiador, como venezolano y como ciudadano de un país laico" (13), es necesario apelar a la "razón" y enfrentar "lo irracional, por ignorancia o por mala fe" (13), precisamente lo que se encierra en el culto a la figura heroica. A Bolívar hay que colocarlo en su justo lugar, como un personaje histórico de inmensa relevancia pero no como "un mito o un semidiós" (14), que es donde lo coloca el "idolátrico primitivismo militarista" (15) que priva en el país. Una y otra vez resaltará que los "héroes son casi siempre una creación del imaginario colectivo, elaborado a través de generaciones y generaciones de tradición oral e incluso escrita, y que resumen en una figura mítica las cualidades –nunca los defectos– atribuidos a un pueblo por ese mismo pueblo": "Bolívar no era eso" (20). De allí que la dicotomía entre "Bolívar santo" y "Páez diablo" sea, para él, una farsa: ambos representaron, más bien, dos maneras diferentes de aproximarse al poder (21).

No por azar Caballero coloca ideológicamente al Bolívar dictador junto a Juan Vicente Gómez –el autócrata venezolano de la primera parte del siglo XX (1908-1835, cuyos días de nacimiento y muerte "coinciden" con los del Padre de la Patria)– y a Chávez, cuyo gobierno, afirma: "no es *ya* una democracia, tampoco es *todavía* una dictadura. No en un país que ha conocido a Cipriano Castro, a Juan Vicente Gómez y Marcos Pérez Jiménez" (87). Gómez se apoyó en las famosas palabras de Bolívar antes de morir: "Si mi muerte contribuye a que cesen los partidos y se consolide la unión, yo bajaré tranquilo al sepulcro", para justificar su condena a los partidos políticos: éstos, según el autócrata, "eran la negación de la voluntad general; por lo tanto era necesario disolverlos u oponerse a su constitución [...] El Bolívar enemigo de los partidos no estaba pues traicionando sus ideales de juventud; se mostraba así [...] como un rousseauniano, un jacobino" (52-53)[31].

[31] Lo mismo ha intentado hacer Chávez, al crear su partido único el PSUV (Partido Socialista Unido de Venezuela).

Caballero reitera el anacronismo y la falsedad de colocarle a Bolívar el ropaje de "demócrata", pues "no sólo no lo era, sino que ni siquiera lo ocultaba: no en vano el Discurso de Angostura es considerado su mayor aporte teórico: y allí están expuestas esas ideas con una claridad meridiana" (158). No le interesa entonces rescatar las bondades del personaje histórico; muy por el contrario, propone olvidarse de él (a menos que sea estrictamente necesario celebrar alguna de sus efemérides, y de ello debe ocuparse el Presidente, no todo el pueblo). Por ende, propone construir una historia *crítica* a la manera en que se había referido Nietzsche[32].

Uno de los mayores atractivos de este ensayo es el desmontaje que realiza de las frases más famosas repetidas una y otra vez por la retórica bolivariana, así como el análisis de los textos anteriores dedicados al culto (además de recoger las lecturas fascistas que se hicieron del "Libertador" durante los convulsionados años de las guerras mundiales europeas y advertir en qué medida se han venido repitiendo muchas de dichas lecturas en la Venezuela más reciente). Una de estas explicaciones tiene que ver con el desmontaje de Bolívar como anti-imperialista, una de las ideas más repetidas por Chávez y sus seguidores:

> Simón Bolívar dirigió una lucha victoriosa contra un imperio, el español. Pero eso no lo convierte en un combatiente "antiimperialista" y mucho menos a la salsa del siglo veinte. No podía ser antiimperialista porque si hemos de creer al mismo Lenin, el más famoso de los teóricos de esa forma particular del capitalismo (los otros fueron Hobson y Hilferding), el imperialismo no existía en 1829 [...] un disparate como los muchos que se dijeron en el años del bicentenario: que era un ecologista, un promotor del turismo, *et alia* (46-47).

Me resulta interesante que Caballero tenga una visión tan limitada del fenómeno imperialista, sobre todo cuando el tema ha sido estudiado tan ampliamente dentro de la historiografía y ensayística latinoamericanas. Se ha destacado en particular la entrada del imperialismo moderno a raíz de las intervenciones inglesas, francesas y norteamericanas del

[32] A quien, por cierto, Caballero menciona en la página 13 de su "Prólogo": "Este es uno de esos libros que se han venido escribiendo a lo largo de muchos años; casi se podría decir que pertenece a aquella clase de textos que Nietzsche decía afeccionar: los que iban formando un libro a veces sin que el autor se lo hubiese propuesto".

siglo XIX (a partir de la propia invasión napoleónica a España, en 1808, por la cual comenzaron a concretarse los procesos emancipadores en Hispanoamérica) hasta nuestros días.

Si bien está más que justificada la crítica a la reiterada tendencia de colocarle a Bolívar cualquier etiqueta, sin importar la realidad en que éste vivió, es muy problemático el cuestionamiento de Caballero a todo lo que tenga que ver con una lectura "culturalista", que equipara con una explicación "racista" (87). Si seguimos su marco cronológico y sus propias palabras, sólo podríamos ubicar al imperialismo como fenómeno a partir de 1829 y, por ende, no cabría colocar allí la propia colonización hispanoamericana. Esto implica una lectura, a mi modo de ver, muy reducida no sólo del concepto de modernidad sino del propio capitalismo. Pienso, por el contrario, que bien podría justificarse un inicio muy anterior de ambos fenómenos, precisamente a partir de 1492.

Una mayor profundización sobre el tema del imperialismo, por parte de Caballero, habría resultado importante en la medida en que el presidente Chávez y sus seguidores utilizan el término constantemente, delimitándolo efectivamente dentro de la retórica marxista tradicional. Chávez apela con mucha frecuencia a la amenaza imperialista para alertar sobre los peligros que acosan al país ante un inminente ataque por parte de los Estados Unidos dadas las alianzas de sus opositores con el Norte, con lo cual ha vuelto a darle fuerza –ideológica y política– a las luchas anticoloniales de los años sesenta en América latina (enmarcadas muy en particular en el guevarismo y la Revolución Cubana). Con esta advertencia, el Presidente quiere convencer a sus seguidores del riesgo que implica cualquier división entre sus filas: el "pueblo" deber entrenarse para defender unido la Patria de Bolívar –defenderla incluso con la vida, si fuera necesario–; razón por la cual se ha justificado la distribución de armas de guerra dentro de la población civil y, a partir del 2008, se crearon las Milicias Nacionales Bolivarianas (MNB). Una visión nacionalista bastante exacerbada en estos inicios del siglo XXI en que me detendré teóricamente en detalle en el siguiente capítulo.

Como suele ocurrir, este discurso antiimperialista se usa como fundamento ideológico para delimitar, dentro del mismo país, quiénes están dispuestos a dar su vida por defender los ideales de la "Revolución

Bolivariana" y quiénes no: un "nosotros" y un "ellos" en buena medida "local". Dentro del discurso oficial, el hecho de cuestionar la repatriación de los restos de Manuelita Sáenz, por ejemplo, implica irreductiblemente que se están traicionando los valores nacionales, que se es un "traidor", un "apátrida"; con ello resulta que el "enemigo" a combatir no sólo está en el exterior, sino también dentro del propio corpus conciudadano. Se promueve un vocabulario nacionalista donde quedan delineados categóricamente los límites aceptables del comportamiento público: se apela a la simbología patria pues en ella se concentra el rédito político que pareciera afianzar la posición oficial.

Manuel Caballero destaca, por sobre todos los autores que se dedican al culto y a la obra de Bolívar –José Gil Fortoul, Laureano Vallenilla Lanz, Rufino Blanco Fombona, Mariano Picón Salas, Federico Brito Figueroa, Alberto Filippi, Luis Carrera Damas, Luis Castro Leiva y Diego Bautista Urbaneja–, los trabajos de Pino Iturrieta, muy en particular el desarrollo que éste realiza del culto como religión republicana, en su carácter "mágico", que según Caballero no había sido anunciado por Carrera Damas en su libro pionero: "la religión bolivariana sintetiza y amplía el carácter mágico del culto *del* pueblo, y el carácter político del culto *para* el pueblo" (164). Gracias a Pino, sostiene, se puede entender mejor la situación del país: "[este último] afirma que cuando Chávez invoca a Bolívar, y de manera implícita nos hace creer que se comunica con él acaso en sus noches de insomnio, puede haber mucho del histrionismo narcisista que le es consustancial, pero no está mintiendo: él cree en lo que dice" (164)[33].

Así como lo hiciera Pino Iturrieta, Caballero emite juicios muy fuertes contra el actual Presidente y sus seguidores, incluso los llega a comparar con "el fascismo mussoliniano" en su "adoración del jefe carismático" (85). Elabora sobre la manera en que:

> el chavismo quiere entroncar con la tradición militar; y por eso, su modelo, su guía, su adoración es el siglo XIX y sus héroes son todos héroes militares, las efemérides a celebrar todas violentas, todas sangrientas. No hay exaltación de

[33] A propósito de Carrera Damas, más que ocuparse de su libro sobre el culto, aplaude *Una ideología del reemplazo*, en particular el desarrollo que realiza allí del Bolívar dictador (157-161).

> los pasos de avance que significaron el liberalismo (sin hablar de la democracia, *vade retro!*) en la historia venezolana, sino sus "matazones republicanas" (Santa Inés), sus salteadores de caminos (*Maisanta*).
>
> Pero no se trata de la admiración típica del mundo militar por la fuerza bruta. Eso va unido a otra cosa que implica el tradicionalismo, y es el rechazo de la modernidad [...] En Venezuela no se trata solo de la evocación no por boba menos obsesiva de la infancia rural del teniente coronel, sino de la exaltación de ese mundo como modelo social, cultural, nacional (88-89).

Denuncia incluso que la única elección democrática en la que ha participado Chávez fue cuando fue elegido presidente por primera vez, en 1998 (90), así como el sectarismo con que se resuelven los problemas en el país, por parte del gobierno y sus seguidores; califica al Presidente de improvisado (110), personalista (119), totalitario y dogmático (109). Explica su arrastre popular por el carácter mesiánico que conlleva su bolivarianismo exacerbado: "El héroe ha de regresar al final de los tiempos, encarnado en un hijo suyo. Que por casualidad, es siempre el hombre en el poder, que ha encabezado no un movimiento político y ni siquiera una revolución, sino el comienzo de todo y el fin de la historia" (156-157). De esta manera, descalifica no solamente las acciones del Presidente, sino la propia retórica que lo acompaña.

b) Straka y Torres

Aunque los otros dos autores en que voy a detenerme a continuación –Tomás Straka y Ana Teresa Torres– se ubican también explícitamente dentro de la oposición, ambos escriben desde una postura algo más reflexiva y menos confrontacional, aunque igualmente preocupados por la situación que ha venido atravesando Venezuela en los últimos once años. Me parece que existen dos razones fundamentales para esta diferencia: se trata de circunstancias escriturales distintas, así como de una generación un poco más joven.

En esa lucha feroz en que ha estado envuelto el país desde el ascenso de Hugo Chávez al poder, dentro de muchos de los grupos disidentes al "proceso" existía la convicción de que el Presidente no podía durar mucho tiempo y sus reformas se evaporarían gracias a la resistencia de la gente en la calle (fue una de las ideas principales tras el Paro Petrolero de finales del 2002: el gobierno no podría resistir el enfrentamiento de los sectores económicos más fuertes aliados con el movimiento obrero). Pero no fue así. La radicalización del proyecto chavista a partir de la reelección de Chávez en el 2006, precedida de su fortalecimiento luego de dicho paro y del posterior golpe de Estado encabezado por el presidente de Fedecámaras (Federación de Cámaras y Asociaciones de Comercio y Producción de Venezuela), Pedro Carmona, planteó nuevos escenarios. Finalmente, muchos en la oposición entendieron que había que repensar las estrategias a seguir para "sacar" a Chávez del poder: debía seguirse un camino en verdad democrático, es decir, a través de triunfos electorales; aparte de que cada vez iba aumentando el número de figuras públicas, de cierta relevancia, que se apartaban definitivamente de las filas oficialistas.

En el 2009, salieron a la venta *La épica del desencanto. Bolivarianismo, historiografía y política en Venezuela* de Tomás Straka y *La herencia de la tribu. Del mito de la Independencia a la Revolución Bolivariana* de Ana Teresa Torres. Se trata de dos propuestas que intentan explicar, en un marco más académico que los dos libros anteriores, las razones de la permanencia de Chávez y su abrumador apoyo popular; se concentran en un análisis menos circunstancial de ese culto a Bolívar que ha permeado tan fuertemente el proceso político chavista. Aparecen luego de diez años de ese nuevo escenario de fuerzas y ante el giro más abiertamente autoritario por parte del régimen, que se negaba ahora a acatar el mandato popular (cuando no fueron aprobadas sus reformas a la Constitución, entre ellas la re-elección indefinida, se apeló a otras instancias para implementar lo que fueron llamadas las nuevas medidas del Proyecto Socialista, su radicalización: "Patria, socialismo o muerte" pasó a ser el nuevo lema oficial).

La tesis fundamental de Straka está en la primera parte del libro, titulada "Bolívar en el debate por la libertad (Crítica de un discurso épico)", donde explica que lo que más le interesa es "El problema de la relación entre la historia y la política, de la relación entre las lecturas políticas de la historia y las justificaciones historiográficas de lo político" (9), por lo que se dispone a hacer un repaso de los textos historiográficos que se han enfrentado a la "explosión del Bolivarianismo que sacude al país desde 1999" (9). Según él, se ha venido dando una "rebelión" sin precedentes en los cuatro historiadores venezolanos vivos más importantes, el "gremio que tradicionalmente más había hecho por crear el Bolivarianismo" (11): Carrera Damas, Pino Iturrieta, Caballero y Guillermo Morón, todos enfrentados abiertamente no solo a Chávez, sino a "la 'filosofía política' del Estado venezolano y sus abusos" (33).

En este cuestionamiento, se ha dado un resquebrajamiento del marco anterior de referencia historiográfica y política. Por ende, han surgido interrogantes serias sobre las relaciones entre el "*modelo de democracia que en cuanto tal queremos* y el del rol que la memoria del Libertador puede tener [...] una visión del nudo historiográfico y político que permitió rebelarse contra el culto fundacional de la República" (24, énfasis mío) e incluso considerarlo como una amenaza. En la medida en que los regímenes autoritarios que poblaron la República desde sus orígenes (en particular los de Guzmán Blanco, López Contreras y Marcos Pérez Jiménez –aunque Straka aclara que este último en un grado menor)–[34], erigieron al Padre de la Patria como su modelo, en esa misma medida pueden anticiparse hoy los riegos de proseguir con dicho marco de referencia. Allí radica, según él, una de las principales razones por las cuales los gobiernos democráticos (que fija entre 1958 y 1998, dejando claramente fuera el gobierno de Chávez), aunque no abandonaron el culto bolivariano, lo "mesuraron". Por otro lado: "los grandes retos del Bolivarianismo inicial ya estaban superados: la unidad de la nación y un orden meridianamente estable como para encaminar en una dirección determinada, eran ya una realidad que no requería de la epopeya para legitimarse, o eso al menos pensó la elite" (27).

Al retomar el análisis de los libros de esos cuatro historiadores que le interesa destacar por su actitud de rebeldía frente al poder, resalta muy en particular los textos más recientes de Elías Pino Iturrieta y Germán Carrera Damas: del primero rescata "esa relación patológica" que señala tiene el pueblo venezolano con respecto a los héroes y, del segundo, la exploración del bolivarianismo ya no como una secuela de la historia

[34] Sin embargo, Ana Teresa Torres afirma que Pérez Jiménez "hizo del culto bolivariano un pilar de su movimiento denominado 'el Nuevo Ideario Nacional'. Las Fuerzas Armadas fueron declaradas herederas directas y universales de los ejércitos de la Independencia y principales guardianes del culto" (57).

decimonónica, sino como "una actitud típica" del momento que atraviesa el país, signado por la "confusión ideológica" luego del derrumbe de los regímenes socialistas (59).

En ese espacio específico de la historiografía nacional, Straka afirma que a partir de 1960 comenzaron a estudiarse aspectos que hasta entonces habían sido poco abordados –como la historia colonial, económica y regional del país–, además de aparecer, por primera vez, ciertas lecturas de la historia de Venezuela desde una perspectiva claramente de izquierda. Por ello titula su segundo capítulo de esa primera parte: "Bolivarianismo, socialismo y democracia. Del antipositivismo a la 'ideología del reemplazo'". Allí desarrolla las dos tendencias del bolivarianismo que han marcado la historia política del siglo XX en Venezuela: "de derecha y de izquierda" (siguiendo el título de un ensayo de la historiadora Inés Quintero, ver bibliografía). Straka se detiene muy particularmente en las maneras en que el presidente Hugo Chávez ha logrado conjugar ambas opciones: "al Bolívar guerrero y épico, fundamento del más extenso nacionalismo y legitimador de los gobiernos populares, se contrapuso el Bolívar revolucionario –y no por eso menos épico– de los movimientos de izquierda" (62). En otras palabras, al cesarismo bolivariano propuesto bajo Juan Vicente Gómez, se le ha unido hoy la idea de la "revolución" socialista: al "Libertador" se le coloca no necesariamente el traje que mejor le calce, sino el que más convenga; sus palabras son utilizadas para cualquier causa que se pretenda defender, sin importar las contradicciones que ello pueda implicar. Inés Quintero apunta al respecto: "El Bolívar de derecha se nos presenta como un individuo autoritario, dictatorial y personalista y con profundas reservas frente a la igualdad; mientras que el Bolívar de izquierda es un revolucionario, demócrata, popular, integracionista, adalid de la igualdad y el antiimperialismo" (Straka 63).

Esta disyuntiva ideológica con respecto al culto es la que lleva a Straka a desmontar las maneras en que la historiografía de izquierda –donde incluye desde los "demócratas-liberales hasta [los] marxistas-leninistas" (65)– logró superar las lecturas positivistas de la historia política venezolana (muy en particular la de Vallenilla Lanz), al reconocer no solamente a las grandes figuras sino también los procesos que los acompañaron. En este recorrido destaca particularmente dos ensayos de

Germán Carrera Damas: *El culto a Bolívar* (1970) y, un año antes, su estudio preliminar "La crisis de la sociedad colonial" (*Anuario* I: xiii-lxxxix).

Straka afirma que, a partir de la década de los setenta, "ser bolivariano, admirar su gesta y al mismo tiempo luchar por el socialismo, dejó de ser una contradicción. Pasó [...] a ser un imperativo" (73), sobre el cual se erigió, en 1999, la República Bolivariana de Venezuela. Es aquí en verdad adonde le interesa detenerse: vuelve a preguntarse "qué tanto puede llegar a ser un peligro para la democracia" (97) esta convergencia entre las dos lecturas de Bolívar –de derecha y de izquierda–, sin duda representadas en el presidente Chávez.

Pese a lo interesante y pertinente de la pregunta anterior, pienso que el libro se queda corto al abordar el problema: nunca vemos explicado qué entiende el historiador por la palabra democracia; Straka parte, además, de un "nosotros" que, en muchas oportunidades, no está claro o no siempre puede ser leído como un término efectivamente incluyente, de allí que yo haya colocado en cursivas una de sus frases más relevantes: el "*modelo de democracia que en cuanto tal queremos* y el del rol que la memoria del Libertador puede tener". Al asumir que "todos" comparten una definición común y adecuada del término democracia, me parece que se incurre no solo en una falacia normativa, sino en una lectura que impide problematizar uno de los mayores problemas del régimen, el cual constituye precisamente el eje fundamental de la propuesta del libro: su carácter democrático; Straka cuestiona, acertadamente, en qué medida el personalismo del Presidente impide una conformación realmente "democrática" de la "praxis" política. Habría que agregar que el hecho de que se estén realizando elecciones constantes no implica necesariamente que se esté siguiendo, y respetando, el mandato popular –sobre todo en una sociedad en la que no existe autonomía entre los diversos poderes públicos–, sin descontar el uso excesivo de los recursos del Estado en la propaganda electoral.

En la segunda parte del libro, que Straka titula "Una épica contra el despecho (sobre la creación del discurso a través de dos de sus rapsodas)", se detiene en las figuras emblemáticas de Eduardo Blanco, autor de *Venezuela heroica* (1881), considerada la primera novela venezolana, y Tito Salas, el pintor de Bolívar y, por ende, de la historia de Venezuela.

Del primero le interesa destacar cómo "la emoción que [...] pone a su prosa es la respuesta obvia de lo que quería acatar: justo su contrario, el desencanto, la apatía de un colectivo extremadamente insatisfecho de los resultados prácticos de su *Gesta Heroica*" (103); del segundo, analiza en especial su famoso *Tríptico* en el Capitolio Federal, inaugurado cuando el Centenario, donde pintó tres episodios de la vida del héroe: el "Juramento de Bolívar en Roma", el "Paso de los Andes" y la "Muerte del Libertador", escenas colocadas a partir de ese momento en el epicentro indiscutible de la historia nacional.

A Straka lo que más le interesa es estudiar las razones por las cuales ambos autores fueron tan venerados en su momento: "un historiador con una corona de laureles y un pintor hecho un ídolo popular: ¿qué pasaba en esa sociedad? " (106). La explicación radica, según él, alrededor de la figura del dictador Juan Vicente Gómez, quien aprovechó las celebraciones del Centenario para su consolidación en el poder. En 1911 se publicó además, no por azar, la primera versión de *El gendarme necesario* de Laureano Vallenilla Lanz, "uno de los textos fundamentales y probablemente el internacionalmente más famoso del pensamiento historiográfico venezolano" (107-108).

Los tres autores –Blanco, Salas y Vallenilla Lanz– serán, a partir de ese momento, los responsables de la magnificación de la gesta heroica libertadora. Aunque no deja de ser importante recordar también las exaltaciones del gentilicio cuando se repatriaron los restos del "Libertador" en 1842 y las celebraciones posteriores encabezadas por Guzmán Blanco en el Centenario del nacimiento del héroe (1883), bajo cuyo mandato había aparecido, con un éxito de venta sin precedente[35], la novela de Blanco, a la cual su autor añadió en esta nueva oportunidad seis episodios más (la versión original solo contaba con cinco).

Con respecto a Tito Salas, Straka añade cómo luego del *Tríptico*, y de la mano del historiador Vicente Lecuna (quien en 1950 se encargó

[35] En relación a la primera edición de *Venezuela heroica*, Straka afirma: "no sólo en los primeros veintidós días de su salida a la calle se vendieron más de setecientos ejemplares y en menos de un año los dos mil de la primera edición, lo que hasta hoy es muy notable en un libro de historia o de literatura, sino que todavía para 1904 la quinta edición 'se agotó quizá más rápidamente que las cuatro anteriores'. Para 1911 las ediciones ya eran seis" (120).

de publicar la "versión razonada" de la gesta novelada por Blanco, su *Crónica razonada de las guerras de Bolívar*), continuó "decorando" tanto la Casa del Libertador como el Panteón Nacional, dándole rostro definitivo al héroe y su gesta.

De esta segunda parte es que Straka toma el título de todo el libro, pues considera que "La épica de Eduardo Blanco es *la épica de* una lucha contra *el desencanto.* Es el esfuerzo por reconciliar a un colectivo con su gentilicio. Es [...] la gran metáfora de los problemas fundamentales de Venezuela como idea y como posibilidad" (104), que sin duda siguen acompañando al país al inicio de la segunda década del siglo XXI.

Por ello en su última parte, Straka vuelve a la Venezuela Bolivariana de Hugo Chávez. Comienza con referencias al ejército moderno, creado bajo la presidencia de Eleazar López Contreras (1936-1942), una vez muerto el patriarca Juan Vicente Gómez. López Contreras no fue solo un militar exitoso –acota–, también fue "un historiador de abundantes y bien compuestas obras" (174), quien conectó ideológicamente la institución militar con el ejército libertador y reforzó la idea de que este sector de la sociedad debía ser el encargado de dirigir el país; de allí su pretorianismo, es decir, la convicción de que solo con el ejército se podía alcanzar la grandeza: "la patria prácticamente existe por el ejército, que es su paz, su orden, su progreso; el ejército es la vitrina de sus más altas virtudes republicanas; y esas virtudes han de aprenderse de los héroes de la Independencia; de los no, en vano, Padres de la Patria" (189). Ideas preponderantes, como vimos, también dentro del ideario de Chávez, quien alejándose de las prácticas lopecistas y perejimeniztas, destaca el carácter "revolucionario" del ejército, en adición a su carácter bolivariano. Con ello se continúa reforzando la guerra emancipadora como el núcleo fundamental de toda la historia y memoria venezolana.

Por último, llegamos al libro de Ana Teresa Torres, *La herencia de la tribu. Del mito de la Independencia a la Revolución Bolivariana*, escrito no por una historiadora, sino por una reconocida psicoanalista y exitosa autora de textos de ficción.

Apenas se comienza la lectura, uno de los aspectos que más llama la atención es el uso recurrente de citas de otros autores a lo largo de todo su ensayo. Torres realiza un impresionante despliegue de la más variada bibliografía en relación al tema, hasta llegar al culto a Bolívar en la Venezuela actual de Hugo Chávez, poniendo un énfasis muy particular en lo que el propio presidente pregona en sus incontables intervenciones públicas, así como en lo que ha sido escrito más recientemente en torno a él.

Una de sus premisas fundamentales radica en que "Los héroes venezolanos no descansan en el Panteón Nacional; por el contrario, andan sueltos [...] nos amenazan con su omnipresencia [...] Es posible que cada venezolano alberge uno sin saberlo, en espera del momento adecuado para presentarse" (11-12); de allí que persista "una República cuya memoria es, por sobre todas las cosas, heroica. El pasado venezolano –y por consiguiente su presente y su futuro– se ha construido en clave heroica, con la salvedad de que al hablar de héroes queremos decir guerreros, no poetas, o sacerdotes, o literatos, como pensó Carlyle" (49).

Refuerza así eso que yo categoricé, al inicio de este trabajo, como "una militarización de la memoria" que ha marcado el imaginario nacional desde sus orígenes. Torres denuncia, específicamente, la presencia del prototipo guerrero por sobre el de los "ciudadanos pacíficos" (16) en los actuales momentos de la vida venezolana, mediante el cual se empalma de manera directa el gran sueño de Bolívar, la Gran Colombia, con la actual República Bolivariana de Venezuela. Ambas instancias han sido caracterizadas, según ella, por una "gramática vindicativa y reivindicativa" (36) que exacerba "la tradición heroica-guerrera-militar-caudillista" (37). Para la autora, ésta es la articulación que le permite, al presidente Chávez y sus aliados, descalificar todo lo que ocurrió inmediatamente antes de la llegada de este último al poder: "la patria quedó destrozada por los cuarenta años de democracia representativa– y sólo queda a los patriotas refundarla a partir de la 'nostalgia revolucionaria', que alimenta una utopía revestida de un poder social controlador para las miserias de la vida cotidiana" (36). En otras palabras, la unión de ese Bolívar de derecha y de izquierda al que se refirieron tanto Inés Quintero como Straka, aunque ahora se destaquen también otras figuras "menores" del panteón nacional (como lo son Sucre, Páez, Santiago Mariño[36] y Negro Primero [48], cuyos

[36] Famoso patriota del oriente del país.

rostros han aparecido durante la Revolución Bolivariana tanto en los billetes como en los pasaportes).

Torres va elaborando su propia propuesta en la medida en que se detiene a repasar la bibliografía que se ha ocupado sobre el tema: "el culto ilustrado" (en este grupo destaca muy en particular los ensayos de Pino Iturrieta, Carrera Damas y Luis Ricardo Dávila), "el mito pagano" (Yolanda Salas de Lecuna[37]), "el mito filosófico" (Castro Leiva), "el mito psicoanalítico" (Ángel Bernardo Viso, quien considera "que más importante que las manipulaciones de la clase dominante para imponer el culto a Bolívar, es la necesidad de 'un nuevo padre en el preciso instante en el cual se derrumbaba el prestigio de los otros mitos fundacionales'. La vinculación con el héroe mítico es sin duda filial" [Torres 77]) y "el mito socialista" (Caballero, Inés Quintero y el historiador cubano Francisco Pidival, quien obtuvo en 1977 el Premio Casa de las Américas por su ensayo *Bolívar: pensamiento precursor del antiimperialismo*, el cual "proponía al Libertador como un luchador contra las apetencias expansionistas y hegemónicas de Estados Unidos" [Torres 82]). Se detiene también en evaluar el impacto que el petróleo tuvo dentro del imaginario nacional y las repercusiones en el culto bajo ese nuevo escenario modernizador (Fernando Coronil, Pedro Cunill Grau, Miguel Ángel Campos, Arturo Almandoz, Antonio López Ortega, Rafael Arráiz Lucca, Gabriel Jiménez y Sandra Pinardi): "Estas consideraciones refuerzan la tesis del movimiento pendular entre la nostalgia y la utopía propuestos anteriormente. La nostalgia por la historia, que es el pasado vivido como la gloria de los héroes, y por la naturaleza virgen preurbana, alterna con la tensión utópica hacia el futuro de la aventura" (Torres 127).

Según Torres, desde sus inicios "la inevitabilidad del mito se apoderó de todos los venezolanos, sin importar si estaban arriba o abajo" (62). La vida de Bolívar está enlazada con "la eterna supervivencia del tótem" (79), con lo cual se le considera un ente siempre vivo. En sus orígenes, quienes intentaron traicionarlo no formaban parte del pueblo venezolano (fueron los colombianos, muy en particular Santander), aunque el presidente

[37] Torres le cuestiona a Salas que insista "en denominar [al culto] como 'religiosidad popular' o 'catolicismo popular', lo que le asigna una localización de clase que no es enteramente satisfactoria" (65).

Chávez sostiene hoy otra tesis: "el gran traidor fue José Antonio Páez, por su alianza con la oligarquía" (79). A todo lo largo de la historia republicana se han desarrollado así diversas lecturas, a veces paradójicas, del culto tanto en un ámbito religioso como laico, mediante las cuales se fue preparando "a los creyentes para la aceptación de las dictaduras, y el seguimiento fiel de quienes asuman ser los herederos de tal paternidad" (63). El mito surge entonces, indiscutiblemente, "de la memoria colectiva y de la necesidad de los pueblos, no es una argucia ideada por algunas mentes clarividentes sino la respuesta de una sociedad a varias circunstancias, y dentro de un conjunto de diferentes referentes culturales" (108).

Sin embargo, entre 1945 y 1958 –añade– se dio una transformación en el imaginario nacional: se "abandona el dispositivo heroico como identidad unificante para dar paso a otro en el cual sea protagonista 'la participación efectiva de las grandes mayorías nacionales'" (134). La Revolución Bolivariana encabezada por Hugo Chávez no planteó como objetivo alcanzar una "segunda Independencia", cuyo anuncio oficial se hizo en 1945, "cuando derrocado el general Isaías Medina Angarita por factores militares y el concurso civil del partido Acción Democrática, se proclamó la Revolución de Octubre" (34); muy por el contrario, el teniente coronel (r) se ve a sí mismo como continuador de la gesta heroica en la medida en que ésta no fue completada por la traición al héroe: "la madre perdida, la patria en su grandeza y gloria de la Independencia, no será reparada hasta que un nuevo héroe [el mismo Chávez] la restituya en su esplendor" (34).

Yo pienso que si bien efectivamente, a partir de 1945, se propuso una idea más inclusiva de los diversos componentes de la nación, nunca se alcanzó dicha "participación efectiva de las grandes mayorías"; de haber sido éste el caso, seguramente Chávez no habría alcanzado el poder. Si no se asume, hasta sus últimas consecuencias, el fracaso en este aspecto –que no en todos– del proyecto "democrático" venezolano a partir del 23 de enero de 1958, no puede entenderse –que no es lo mismo que justificar– una dimensión imprescindible dentro del "fenómeno" chavista: la revancha ante las injusticias sufridas, durante cuarenta años, por los sectores menos favorecidos de la sociedad. Torres explica la fuerza de Chávez, más bien, como el resurgimiento del "dispositivo heroico, militar, guerrero, que había permanecido en la sombra durante el período democrático" (139) muy en particular en "las grandes mayorías" (140). Yo objetaría que Chávez no fue elegido la primera vez solamente por esas "mayorías" (a pesar de la "alta" abstención del 33% dentro del patrón electoral que destaca Torres [178]), y recién a finales del 2010, luego de las elecciones a la Asamblea Nacional, es que en verdad ha disminuido su apoyo tanto a nivel popular como en el resto de los sectores de la sociedad. Argumentaría, además, que esa "segunda Independencia" fue en realidad proclamada mucho antes, por boca de Simón Rodríguez y Andrés Bello, cuando ambos se ocuparon de reflexionar sobre los fracasos palpables inmediatamente después de las revoluciones independentistas hispanoamericanas; ambos letrados propusieron, cada uno por su lado, una "Segunda Independencia": no olvidemos que para Rodríguez, debía "matarse al godo" que todos los americanos llevaban dentro para poder alcanzar la verdadera emancipación[38].

Por último, Torres incorpora la otra lectura –muy poco frecuente– de responsabilizar al mismo "Libertador" del fracaso de la implementación de su proyecto, al dejar al país solo y correr al Sur "en pos de la aventura", encargando a otros del proceso de reconstrucción nacional: "Fue un padre distante. Un héroe perdido en su destino" (142). En esta caracterización, Torres recurre a lo expresado primeramente por Castro Leiva: "Bolívar estaba convencido de que la Independencia de Venezuela no era posible sin llevar la guerra a toda la América Española: ésa era su teoría de la emancipación y sería difícil evaluar desde el presente si fue una estrategia militar o política indispensable. Pudiéramos decir que era necesaria y, al mismo tiempo, él deseaba esa necesidad" (12) y, posteriormente, por Maritza Montero, en su ensayo "Génesis y desarrollo de un mito político" (1994), al elaborar a propósito de la equivalencia simbólica entre el actual Presidente y el Padre de la Patria:

> "El mito Chávez nos devuelve la figura del militar golpista como continuador del ideario de Bolívar… transformado así en su descendiente" [Montero]. El militar rebelde, ¿no lo fue también Simón Bolívar? ¿No constituyó la

[38] Para el pensamiento ilustrado, emancipación e independencia no iban necesariamente de la mano, como tampoco lo iban la educación y la instrucción.

> Independencia un alzamiento armado contra el poder constituido? Esas son las premisas que sustentan este imaginario retrospectivo en el que los tiempos míticos y las circunstancias contemporáneas se confunden. Los militares rebeldes de 1992 actuaron con el mismo principio de los independentistas (Torres 245).

El Libertador Simón Bolívar se ubica en el punto neurálgico del imaginario nacional y Chávez ha sabido sacarle infinito provecho a esa "debilidad" de los venezolanos, reproduciendo el modelo utópico característico del relato heroico, en el cual se le rinde un culto particular a la muerte: "culto por quien ha dado la vida por la patria, desprecio por quien cultiva las costumbres pequeñoburguesas del trabajo silencioso y probablemente anónimo" (16). Se reproduce así un sisma insuperable dentro de la sociedad, desde la lectura "revolucionaria" chavista: los que están dispuestos a repetir el modelo heroico y dar la vida por esa causa, si fuera necesario, y aquellos a quienes solo les interesa defender sus "mezquinos" intereses individuales.

Se olvida entonces, afirma Torres, que la guerra no fue el fin último durante las luchas independentistas, se trataba más bien de "una labor de paz" (21), que encerraba distintos significados según fuera el lugar que se ocupara en la escala social: "Las expectativas de libertad no eran las mismas para el esclavo, el pardo, el indígena, el criollo terrateniente, el blanco 'de orilla' [...] e, incluso, para el mismo Bolívar" (23-24). Estas variedad de significados fueron sustituidos por una "violencia y militarismo, en vez de política" (22), que ha cobrado una fuerza perturbadora bajo el régimen de Hugo Chávez, pues quienes no estén de acuerdo con sus ideas constituyen, irrefutablemente, el enemigo que debe ser arrasado como ocurriera en aquellas luchas independentistas. Se promueve un estado permanente de enfrentamiento –sostiene Torres–, en cuyo discurso resuenan con inusitada fuerza imágenes de guerra que incluso abarcan episodios anteriores a los propiamente emancipadores: "La herencia heroica sigue una línea que une al cacique prehispánico [Guaicaipuro] con la Independencia y con la valentía de los venezolanos contemporáneos. Es una 'casta', una suerte de espíritu de la raza que perdura a lo largo del tiempo. Pero no sólo los héroes y las heroínas quedan unidos en la genealogía guerrera, sino también los acontecimientos" (239).

Gracias a ello, los actos fundacionales encuentran una resonancia indiscutible en las propias acciones del presidente Chávez, quien utiliza las fechas patrias para recrear los hitos de su propio relato: "Sobre las ruinas de la Independencia, sus símbolos, sus memorias, su iconografía y su culto, la Revolución Bolivariana levanta una alegoría cuyo fin es recuperar la pérdida y crear nuevos significados" (268).

***

En resumen, los cuatro libros más importantes sobre el culto a Bolívar, publicados en la primera década del siglo XXI, han sido escritos por intelectuales de la oposición, quienes llevaron a cabo un tajante cuestionamiento a los excesos de dicho culto en manos del presidente Chávez y sus seguidores. Para todos ellos, los turbulentos años de la Revolución Bolivariana han estado marcados por las intransigencias de un gobierno que no solamente se ha encargado de acentuar aún más los problemas nacionales (e internacionales), sino que persiste en la implementación de un modelo que, para ellos, ya no debería ser visto como la alternativa a seguir.

Insistieron, asimismo, en denunciar el componente militar que Chávez ha colocado en el centro de su ideario y su forma de gobernar. Lo acusan de colocarse a espaldas de una sociedad civil "verdaderamente democrática" (sin plantearse la necesidad de explicar a qué se refieren con esta idea), aparte de marcar los exabruptos de una racionalidad según la cual el Presidente es el encargado de determinar exclusivamente el camino a seguir, precisamente por su condición militar, además de por el hecho de haberse erigido en una "renovada" representación del Padre de la Patria.

A pesar del indudable aporte de estas lecturas, en necesario destacar en qué medida el análisis se ha centrado casi exclusivamente en el estudio del culto a Bolívar desde el propio pasado nacional, sin incorporar sus notables afiliaciones con el presente y su acoplamiento a las nuevas tecnologías (a excepción del caso de Ana Teresa Torres, quien menciona este último aspecto). Chávez se apoya considerablemente en los medios de comunicación para promulgar su ideario, recurre a las más avanzadas campañas de mercadotecnia para "vender" su revolución, además de haberse beneficiado inicialmente de la llamada "anti-política". Ésta surgió como consecuencia directa de la ineficiencia del modelo democrático que se implementó durante el siglo XX tanto en Venezuela como en el resto de América latina, así como en el profundo deterioro de los partidos políticos tradicionales y la desconfianza más absoluta en las viejas maneras de hacer política: la apuesta estuvo entonces colocada en algunas figuras que, al no tener conexiones directas con el antiguo régimen, proponían una limpieza administrativa y de ideas (en su mayoría en un marco de recuperación de las izquierdas), como fue el caso de Chávez.

Los cuarenta años de gobiernos civiles anteriores a su llegada al poder, no lograron minimizar los graves problemas sociales, que se acrecentaron aún más luego del derrumbe de los precios del petróleo (un barril que ha terminado favoreciendo al propio Presidente –no siempre al país y a sus habitantes–, gracias al repunte de dichos precios durante buena parte de su mandato). Por otro lado, el resurgimiento de las políticas neoliberales, junto a las discusiones a propósito de la globalización, la mundialización y la postcolonialidad, abrieron el camino a nuevas formas e interpretaciones de los populismos latinoamericanos, marco en el cual ha logrado adherirse con mucha fuerza la retórica revolucionaria bolivariana del presidente Chávez tanto a nivel nacional como continental.

Sobre todos estos temas quisiera ahondar en los dos próximos capítulos, no sin antes ocuparme en detalle del otro componente imprescindible a la hora de evaluar el culto a Bolívar como ideología política: su indisoluble relación con las ideas de nación y nacionalismo, aparte del desarrollo de una masculinidad particular asociada al discurso heroico.

Capítulo IV

Nacionalismos banales

Una de las premisas fundamentales del culto a Bolívar está delimitada por la defensa de los llamados valores nacionales. A través de la simbología con la cual se embiste la actuación pasada, presente y futura del héroe militar y su ideario, se delinea el camino que deben supuestamente seguir tanto los ciudadanos como el Estado y sus instituciones. En la mayoría de sus casos, la figura del "Libertador" funciona como catalizador ante las carencias y anhelos de la población, así como agente de invocación para alcanzar la supuesta concretización de los diversos sueños nacionales. La mayor dificultad para comprender el proceso radica en las variadas versiones en que se ha desdoblado dicho culto a lo largo de la historia republicana venezolana y las maneras, muchas veces contradictorias, en que se ha intentado alcanzar la añorada consolidación nacional, junto a la comprensión de las razones/motivos a través de los cuales el culto ha adquirido esa fuerza para marcar, directa o indirectamente, el destino de la nación.

Antes de ahondar en la situación actual, es necesario elaborar teóricamente a propósito de dos de las nociones más recurrentes con relación al tema: las ideas de nación y nacionalismo. En particular, me interesa delimitar sus alcances en estos tiempos globalizados (y del "Socialismo del siglo XXI"), cuando ya muchos habían decretado la muerte de ambas ideas, para intentar comprender no sólo su innegable arraigo en la sociedad venezolana, sino las razones por las cuales ha sido prácticamente imposible sustraerse de la figura del Padre de la Patria en muchas de las instancias de la vida política, social e incluso *personal* de los venezolanos.

Desde Italia, el país europeo que más tardó en consolidarse como tal, el historiador Federico Chabod señaló que "la idea de nación" es particularmente importante en los pueblos todavía no unidos políticamente: "el 'principio de nacionalidad', que es precisamente su aplicación en el campo político, será muy favorecido entre aquellos que sólo con base en él pueden tener esperanzas de integrar como unidad los hasta ahí dispersos miembros de la patria común" (86)[39]. Es en la conjunción de las ideas de nación y nacionalidad que devienen los elementos particulares que le permitirán a cada país su verdadera opción de integración. Según él, "Decir sentimiento de nacionalidad es decir sentimiento de individualidad histórica. Se llega al principio de nación cuando se llega a afirmar el principio de individualidad; es decir, a afirmar, contra tendencias generalizadoras y universalizantes, el principio de lo particular, de lo singular" (19).

La nación es una idea que se desprende directamente del espíritu romántico, al reivindicar el espacio de la fantasía y los sentimientos por sobre la razón ilustrada: "contra el buen sentido equilibrado y contenido, proclama los derechos de la pasión; contra las tendencias a nivelarlo todo bajo la insignia de la filosofía y contra las tendencias anti-heroicas del siglo XVIII, exalta precisamente al héroe, al hombre que rompe las cadenas de la vida común y las normas tradicionales" (19-20). Como consecuencia de sus gafas aferradamente europeas, Chabod no concibe una mezcla entre lo ilustrado y lo romántico, como de hecho fue el caso en otras geografías (muy en particular en muchos de los héroes independentistas americanos).

La nación es, según Chabod, indiscutiblemente una "idea moderna"; por ello critica a Johan Huizinga, quien sostenía que se podía hablar de nacionalismo y patriotismo en la Edad Media (22). Para el italiano, si bien el término existía durante esa época, no se utilizaba en la acepción moderna, pues no se le consideraba desde un punto de vista espiritual: "la nación es, antes que nada, alma, espíritu, y sólo de manera muy secundaria materia corpórea; es 'individualidad' espiritual antes de ser entidad política" (30-31). Por ello coloca a Suiza como el primer lugar donde se da este sentimiento de manera moderna, es decir, con un carácter local (como consecuencia de las invasiones francesas que sufrió desde

[39] Su libro, *L'idea di nazione*, está basado en dos cursos que dictó primero en Milán (en 1943 y 1944) y luego en Roma (entre 1956 y 1957). La edición en español de Fondo de Cultura Económica, que es la que estoy siguiendo, confunde estas últimas fechas y establece que el segundo seminario se llevó a cabo bastante antes. Es necesario acotar entonces que Chabod realizó primero esta reflexión durante la invasión alemana a Italia y, después, una década más tarde.

las primeras décadas del siglo XVIII); antes de que esto ocurriera lo que en verdad importaba era el Estado, como se destaca en el caso de los escritos de Maquiavelo.

Chabod no sólo escribe desde Europa, sino que considera que ése es el lugar donde se da el desarrollo de la idea tal como la entendemos hoy en día: a partir del Romanticismo se dio allí una tendencia básica a identificar las características propias, inconfundibles, de una nación en el anhelo organizativo de construir un Estado-nacional. Se formuló así el "principio de nacionalidad" como principio supremo de la vida de los pueblos, en esto radica para él el carácter novedoso de la idea de nación moderna. La búsqueda de ese "carácter nacional" es lo que induce al estudio y recuperación de las costumbres y tradiciones morales; la poesía constituye el mejor lugar para explorar "el 'espíritu de los tiempos' mucho más y mejor que un tratado político o un acontecimiento diplomático" (45).

Asimismo, Chabod expone las dos maneras más comunes de explicar ese carácter nacional: como algo que tiene que ver con la *naturaleza* o con las *fuerzas morales*. En la acepción "naturalista" los factores físicos, el ambiente geográfico y el clima, lo determinan todo; mientras que en la segunda, la "moralista" –llamada por otros, "voluntarista"–, la idea se sostiene más bien en las fuerzas morales, la educación, la vida política y la tradición. Subraya cómo el estudio del desarrollo de la idea de nación mostrará, una y otra vez, las maneras en que ambas tendencias determinaron el proceso histórico europeo hasta desembocar en el racismo que se diseminó por Europa a partir de la Segunda Guerra Mundial[40].

Por último insiste en el paso de la nación "sentida" a la "querida", donde reposa la nueva religiosidad moderna: "La *nación* se convierte en la *patria*; y la patria se convierte en la nueva divinidad del mundo moderno" (80-81). La patria es desde entonces una entidad sagrada, por lo cual la sangre que se vierte por ella se diviniza y, por primera vez, "se utiliza el

[40] "La exaltación que se hace en nuestros días de la 'sangre' y del 'suelo', la transformación de la idea de nación en la de pueblo como comunidad de sangre, constituyen la conclusión lógica del modo 'naturalista' de evaluar el carácter de las naciones: que es, además, el modo más primitivo y burdo" (Chabod 38-39).

término para indicar valores, afectos, sacrificios puramente humanos, políticos". Surge así una nueva religión: "la religión de la patria" (82).

Dentro de ese anhelo por constituir el Estado-nacional, las nociones de nación y Estado siempre se han ubicado muy cerca una de la otra dentro de las discusiones teóricas, pues por medio de esta última adquiere la nación su estructuración y consolidación política. Hugh Seton-Watson fue uno de los primeros historiadores que se ocupó de reflexionar más allá del entorno exclusivamente europeo (aunque como el resto de los teóricos dedicados al tema, lo impulsó fundamentalmente la necesidad de entender la fuerza de los nacionalismos que marcaron la época que le tocó vivir, determinada por las dos guerras mundiales [xi]). Para él, lo más importante era el estudio de los procesos a través de los cuales se formaban las naciones, los tipos de movimientos políticos que lograban ese objetivo nacional y las maneras en las cuales dichos movimientos fueron y han sido influidos por las políticas internas de los otros Estados y de ellos mismos, por ello propone que más que Estados-nacionales, lo que se ha dado en la práctica es "Estados-soberanos". Distingue ente naciones antiguas y modernas: en las primeras el proceso de formar una identidad y consciencia nacional fue lento y oscuro, mientras en el caso de las naciones modernas, el proceso se dio mucho más aceleradamente y está muy bien documentado. El lenguaje fue un factor determinante en la conformación de las nuevas naciones europeas a todo lo largo del siglo XIX y los inicios del XX, los aspectos económicos y geográficos fueron los más importantes en el caso de sus colonias de ultramar (8-9). Lo que Seton-Watson resalta más, en ambos tipos de nación, es la conformación de un grupo rector –"una clase educada", la llama– que es la que aspira y conduce ciertas mejoras económicas, políticas o religiosas.

En principio, el *Estado* es la organización político-legal con el poder de exigir obediencia y lealtad a sus ciudadanos (en consecuencia, la única autorizada para ejercer la violencia); mientras que la *nación* es una comunidad de personas cuyos miembros se encuentran unidos por un sentido de solidaridad y una cultura común (Seton-Watson 1).

Entre ambas nociones, la que sin duda resulta más problemática de delimitar es la nación, pues suele manifestarse de muchas formas a la hora de analizar ejemplos concretos, además de confundirse en algunos casos con el propio Estado. Por ello Seton-Watson plantea la imposibilidad "científica" de emitir una definición más específica, luego de haber observado y registrado minuciosamente cómo se había manifestado en la realidad europea, en sus colonias americanas, además de en Asia y África:

> todo lo que puedo decir es que una nación existe cuando un número significativo de personas de una comunidad se consideran a sí mismos como parte de una nación, o se comportan como si formaran una. No tiene por qué sentirlo así toda la población, o comportarse como tal, y tampoco puede establecerse dogmáticamente un porcentaje que deba ser afectado. Cuando un grupo significativo tiene esa creencia, entonces tiene una 'consciencia nacional' (5).

Referirse a una cultura común y una conciencia nacional en Hispanoamérica resultaba ambiguo en una época como la emancipadora (1808-1826), donde se luchaba precisamente por darle significado a dichas nociones. Sin embargo, fue la consolidación de una conciencia nacional propia y "diferente" la que permitió que los criollos o los sectores medios –dependiendo del país al cual nos dediquemos– lucharan por independizarse de España y se las ingeniaran para incorporar, primero en la guerra propiamente dicha y luego en las Repúblicas/Estados independientes, a los otros sectores de la población (muy en particular, en el caso venezolano, a los sectores más pobres, en especial a los esclavos, quienes en los inicios de la contienda bélica se aliaron a la Corona, como manera de vengarse de los abusos de sus amos blancos).

Esta conciencia nacional o "comunidad imaginada" –al decir de Benedict Anderson– se iba logrando, por un lado, a través de las armas en el campo de batalla y, por el otro, a través de la palabra impresa en su doble vertiente: la legal y la periódica. La necesidad de otorgarle categoría jurídica al nuevo Estado fue uno de los aspectos más importantes para sus forjadores, pues era ello lo que les permitía "existir" y organizarse como tal. La necesidad de mantener una comunicación con el resto del mundo por medio de la prensa no sólo les posibilitaba su existencia, sino ser "reconocidos". De allí la insistencia en llevar, al foro internacional, los problemas más importantes de la guerra contra España.

Según Anderson, en su controversial libro *Imagined Communities. Reflections on the Origin and Spread of Nationalism* (1983, 1991)[41], los nuevos Estados-nacionales americanos no tuvieron una lengua diferente a la de sus colonizadores y por ello la diversidad lingüística no fue un problema, como sí lo fue en el caso de los modelos europeos; de allí que, para él, el inicio de la nación moderna deba ubicarse en Hispanoamérica y no en Europa.

Es cierto que hubo una unificación lingüística a nivel de la "comunidad imaginada" de la nación hispanoamericana. Este grupo se veía a sí mismo como portador del ideal nacional y "racional", además de ser quienes podían tomar todas las decisiones; por algo se pensaba siempre en dos tipos de ciudadanos: pasivos y activos, y evidentemente eran estos últimos quienes podían votar y ejercer sus derechos ciudadanos. Pero debe marcarse además la existencia de grandes masas de población, con diversidad lingüística, que existían fuera de dicha comunidad y cuyo estudio permitiría una lectura "desde abajo" a la manera en que propone E. J. Hobsbawn en *Naciones y nacionalismos desde 1780. Programa, mito, realidad* (1990): "a excepción de los legisladores y los letrados, la lengua podía difícilmente ser un criterio para la nacionalidad" (1990: 56). No por azar el mismo Andrés Bello se sintió obligado a publicar una *Gramática de la lengua castellana destinada al uso de los americanos* (Santiago de Chile, 1847) que en realidad no pretendía construir una gramática "diferente" a la europea, sino frenar ciertos excesos americanos[42].

Chabod, por su parte, había destacado la consolidación de una lengua común como uno de los elementos más determinantes en el caso de

[41] A pesar de que existe una edición en español (*Comunidades imaginadas. Reflexiones sobre el origen y la difusión del nacionalismo.* México: Fondo de Cultura Económica, 1993), no voy a utilizarla, pues me parece que la traducción tiene muchos problemas. La primera edición del libro, en inglés, es de 1983. Luego de un éxito rotundo, y de las muchas críticas que se generaron, Anderson publicó en 1991 una nueva versión ampliada y "corregida". A pesar de los cuestionamientos que elaboraré más adelante, le estoy muy agradecida a Ben Anderson por haberme dado herramientas conceptuales importantes para mi trabajo sobre la guerra y la prensa en la época de la independencia en Venezuela (no solamente en este libro, también en un seminario que compartí con él en Cornell University, en el verano de 1999, titulado "Late Nationalism", dentro de la School of Criticism and Theory). Seguiré la edición en inglés de 1991, cuyos datos completos aparecen en la "Bibliografía consultada", al final de este trabajo.

[42] Sobre Bello, ver el ya clásico y fundamental libro de Julio Ramos 35-49.

las naciones europeas, aupando las investigaciones de Johann Gottfried Herder (según él, el teórico alemán más importante de quienes escribieron a propósito de la nación en el siglo XVIII, además de ser el primero en usar la palabra "nacionalismo" y destacar los beneficios que de ella podían desprenderse[43]). Para ambos, la lengua "tiene siempre un determinado carácter nacional, expresión del 'carácter', de la 'manera de pensar' de un pueblo" (Chabod 60) y, por tanto, a través de ella se marcan las diferencias con las demás naciones.

Mientras iba avanzando el siglo XIX en Venezuela, y pese a la inestabilidad reinante por las luchas caudillistas, se iba logrando poco a poco la anhelada consolidación nacional y el país se enrumbaba –aunque con tropiezos– hacia su modernización. Comenzaba a funcionar ese "plebiscito diario" del que hablara Ernest Renan en su famosa conferencia de la Sorbonne, en 1882, "¿Qué es una nación?" (su respuesta ante la derrota francesa en la guerra franco-prusiana: en 1871 Francia había perdido, a manos de los alemanes, los territorios de Alsacia y Lorena luego la firma del Tratado de Frankfurt bajo Luis XIV; sus habitantes, según Renan, se habían manifestado mayoritariamente como pro-franceses, por lo cual la pérdida de dichos territorios constituía una traición hacia ellos[44]).

Luego de recorrer las razones que se habían intentado dar hasta ese momento para explicar los diversos aspectos que posibilitaban el "principio espiritual" de una nación: su dinastía[45], la raza, la lengua, la religión, la comunidad de intereses, la geografía y las necesidades militares, Renan llega a la conclusión que ninguna de esas razones por sí misma es lo suficientemente convincente como para explicar en verdad la fuerza que mueve a los hombres –está hablando explícitamente de ellos, los

[43] Esta visión positiva será muy cuestionada posteriormente, a partir de las guerras europeas y la expansión del fascismo.

[44] Para una excelente lectura de la conferencia de Renan ver a Martin Thom. "Tribes without nations: the ancient Germans and the history of modern France", Bhabha 23-43; ver también la interesante lectura de Anderson 1991 199-201. A propósito de su influencia en América latina y las relaciones entre nación e imperialismo ver Vernik.

[45] "De creer a ciertos teóricos políticos, una nación es, ante todo, una dinastía que representa una antigua conquista; conquista aceptada primero y olvidada después por la masa de la población. Según los políticos de que hablo, la agrupación de provincias efectuada por una dinastía –por sus guerras, por sus enlaces matrimoniales, por sus tratados– concluye con la dinastía que la ha formado" (87).

caballeros de su clase[46]– a sentirse parte de una nación específica y no de cualquiera otra. Sostiene que ninguna de estas razones puede ayudar a definir la nación porque ninguna de ellas se da en una pureza absoluta.

Según él, la nación es un principio espiritual que descansa tanto en el pasado como en el presente: descansa en un rico legado de memorias y en el deseo continuo de convivir juntos, en el deseo de perpetuar unidos los valores de la herencia que se ha recibido. Propone, consecuentemente, que sólo "un plebiscito diario", un pacto entre los integrantes del cuerpo social, puede explicar la fuerza detrás de una noción tan arraigada en el hombre moderno:

> Una nación es, pues, una gran solidaridad constituida por el sentimiento de los sacrificios que se han hecho y de los que aún se está dispuesto a hacer. Supone un pasado, pero se resume, sin embargo, en el presente por un hecho tangible como lo es el consenso: el consentimiento, el deseo claramente expresado de continuar la vida común. *La existencia de una nación es* (perdonadme esta metáfora) *un plebiscito de todos los días*, como la existencia del individuo es una afirmación perpetua de vida. Bien sé que esto es menos metafísico que el derecho divino, menos brutal que el pretendido derecho histórico [...] Para nosotros, una provincia son sus habitantes; si alguien tiene derecho a ser consultado en este asunto es el habitante (107-108, énfasis mío).

Un plebiscito o consenso en el cual radica la "esencia de la nación" por cuanto *todos* los individuos que la conforman tienen muchos recuerdos en común, y también muchas memorias que han olvidado (84). Olvidan los actos de brutalidad compartida y recuerdan los momentos de triunfo o sufrimiento; sólo así se puede, según Renan, sobrevivir como entidad.

Queda de esta manera establecida una mirada "voluntarista" frente al problema de la nación: Renan asume sus alcances o límites según

[46] Renan no solamente se dirige a un público muy específico: los "caballeros/señores" a quienes interpela directamente en el último párrafo de su discurso sino que, al igual que Chabod, está pensando exclusivamente en función del continente europeo, es allí donde ubica a "la nación moderna". Renan destaca que las invasiones germanas fueron las que introdujeron en el mundo moderno esa idea y sentaron las bases para las nacionalidades posteriores (nótese que lo mismo sugerirá luego Chabod, aunque según este último el proceso ocurrió primero en Suiza, precisamente como consecuencia de las invasiones francesas). Renan también prevé que una confederación europea pueda remplazar más adelante a las naciones de su tiempo (como efectivamente vemos ha ocurrido desde 1993 con la Unión Europea).

le convenga en determinadas condiciones y defiende/propone un "nosotros" donde evidentemente se está excluyendo a amplios sectores de la población, muchos de los cuales habían colaborado directamente en la posibilidad y construcción de esa imprescindible y "definida" memoria nacional. Reivindica una lectura de la historia, aprendida y sentida, en función de quienes detentan el poder y quienes evidentemente determinan qué se debe recordar u olvidar en cada momento particular.

En 1983, casi exactamente un siglo después de la famosa conferencia de Renan, apareció la primera edición del libro de Anderson, el cual generalmente constituye *el* texto de referencia para las discusiones sobre el tema de la nación moderna y los nacionalismos. El propósito de *Imagined Communities. Reflections on the Origin and Spread of Nationalism* es analizar qué ha pasado para que la idea de nación sea tan importante en la época moderna, y qué ocurría con la diseminada –y errónea– percepción, en las postrimerías del siglo XX, de que estábamos arribando al final de la era de los nacionalismos. Según él, desde la Segunda Guerra Mundial no ha habido ninguna revolución exitosa que no se haya definido a sí misma en términos nacionales, por lo cual lo nacional –"nation-ness"– es el valor universal más legitimado en la vida política actual (2-3).

Al definir la nación, Anderson propone asumir una perspectiva culturalista –catalogada también, por algunos, como "modernista"– y por ende antropológica, ya no "naturalista" o "voluntarista". Antes de pasar a ello, sugiere que entendamos el término como un "artefacto cultural de un tipo particular" que comenzó a delinearse, de la manera que hoy lo conocemos y sentimos, a finales del siglo XVIII. Asimismo, plantea que sería más fácil comprenderlo todo (tanto la idea de nación como los otros dos sustantivos que suelen acompañarle: los nacionalismos y lo nacional) eliminando sus grandes connotaciones y asociándolo, más que con el liberalismo o el fascismo, con las ideas de religión y dinastía. La nación constituye un tercer estadio dentro del proceso de organización política de la humanidad, aunque en ciertas instancias puedan convivir las tres maneras en un mismo momento (4). Sólo entonces afirma que la nación "es una comunidad política imaginada, inherentemente limitada y soberana" (6).

Añade poco después que "las comunidades deben ser distinguidas, no por su veracidad o falsedad, sino por el estilo bajo el cual son imaginadas" (17). Este es uno de sus aportes fundamentales, pues permitió colocar la discusión en un contexto donde podían debatirse mejor las contradicciones inherentes a dicha noción. Anderson encontró la manera de definir, en un sentido más amplio, un concepto que hasta entonces muy pocos se habían atrevido a encarar directamente, por temor a enfrentar sus múltiples manifestaciones: destacó su aspecto "imaginado", "sentido" y contradictorio, así como su estudio particular en cada caso.

Por otro lado, complementó su descripción con otras dos características, mucho más discutibles: la horizontalidad y camaradería entre todos sus habitantes. Propuso que al final es esta fraternidad la que ha hecho posible, en los últimos dos siglos, que tantas personas hayan estado dispuestas a dar su vida –a morir, más que a "matar"– por defender su nación (o su patria) (7). Luego de los ataques terroristas de Septiembre 11 en los Estados Unidos, habría que preguntarse qué ha ocurrido, a partir de entonces, cuando la razón para matar (y morir) ha vuelto a ser la religión y no únicamente la nación, con lo cual ha resurgido en estos inicios del siglo XXI la "vieja" noción de una Guerra Santa.

Anderson cuestiona el fracaso de las discusiones, sobre la idea de nación, cuando no se toma en cuenta su carácter "sagrado" y no se consideran las conexiones de esta entidad colectiva con lo imperecedero. Se hace eco entonces de la afirmación de Regis Debray: "Puede que sea accidental que yo haya nacido francés; pero después de todo, Francia es eterna..." (12)[47]. Asimismo afirma que, aunque el mundo moderno se asuma generalmente como secular, lleva implícito ese carácter sagrado. Esta mezcla antitética entre ambos órdenes –lo sagrado y lo secular–, la ve representada simbólicamente en los monumentos al soldado desconocido: "Esta extraña deidad cívica es el objeto de una reminiscencia fantasmagórica que comulga con un culto ancestral, aunque está intimidad esté atravesada por la anonimidad de la sociedad moderna: no pareciera

[47] Esta es una de las afirmaciones que más se le han criticado a Anderson. Para algunos, muestra la manera en que su argumentación sugiere una aprobación a la idea de nación propiamente occidental por sobre cualquier otra, pues deja fuera otros modelos diferentes a los americanos o europeos (ver Balakrishnan 1995 y Partha Chatterjee 1996).

importar que no haya nadie sepultado en ese panteón" (Balakrishnan 62-63).

La mayoría de la reflexión en *Imagined Communities* está enmarcada dentro de la cultura letrada o escrita, en particular en la prensa y la novela, a las cuales engloba dentro de lo que brillantemente califica como el "capitalismo impreso". Con respecto a esta última, la ve como el lugar donde se intentaron solucionar simbólicamente los problemas que enfrentaban los hispanoamericanos en los difíciles momentos de construcción y consolidación nacional (proceso que, por cierto, no ocurrió hasta que comenzaron los movimientos independentistas propiamente dichos, a partir de la segunda década del siglo XIX, y no a finales del XVIII, como asegura Anderson)[48]. Aunque la novela ocupa efectivamente un lugar privilegiado, y en ella se llevaron a cabo muchos de los intentos por resolver los frecuentemente conflictivos programas nacionales –la heterogeneidad racial, las desigualdades económicas, los contrastes entre lo rural y lo urbano y, en última instancia, los "desencuentros" entre la tradición y la modernidad–, darle tal privilegio a un solo género literario es una empresa riesgosa, por decir lo menos, en un continente donde casi todas sus manifestaciones han sido siempre híbridas, y donde ésta ha estado frecuentemente mezclada con otras formas como el ensayo y la crónica (Franco 1989 204)[49].

Por otro lado, su propuesta de ese capitalismo impreso como el principal responsable de la diseminación de una comunidad imaginada en los lectores hispanoamericanos también debe ser limitada, en la medida es que no es cierto que las novelas y los periódicos tuvieran un público lector tan amplio como él insinúa (pese a los indiscutibles avances en dicho rubro, a todo lo largo del siglo XIX, con la incorporación muy en especial del público femenino). Si bien, como destaqué más arriba, dentro de un determinado sector de la sociedad ése pudiera haber sido la manera en que era percibido, de ninguna forma puede asumirse que englobase en verdad a *todos* los integrantes del cuerpo social. Tal como

[48] Ver el fundamental artículo de François-Xavier Guerra. "Forms of Communication, Political Spaces, and Cultural Identities in the Spanish American Nations" (Castro-Klarén y Chasteen 3-32).

[49] A propósito de Anderson y la novela, ver el fascinante artículo de Jonathan Culler.

ha desarrollado Javier Sanjinés en un libro reciente, *Rescoldos del pasado. Conflictos culturales en sociedades postcoloniales* (2009): "Este nacionalismo [de imprenta] deglute lo étnico desde una visión eurocéntrica que olvida o minimiza el conflicto local" (48); entre otras razones porque se afinca en un lenguaje homogeneizador –la lengua nacional– desde el cual el grupo dominante crea precisamente la idea de nación y establece los límites en que pueden ser aceptados/clasificados/excluidos los diversos integrantes del cuerpo social[50].

El cuarto capítulo, re-escrito y re-bautizado en su segunda edición como "Creole Pioneers [Los pioneros criollos]" (en la primera lo había llamado "Old Empires, New Nations [Viejos imperios, nuevas naciones]"), es el que Anderson le dedica más detalladamente a los nuevos Estados hispanoamericanos y el que presenta mayores problemas. Al elaborar a propósito de las razones del surgimiento de una comunidad imaginada primero que en Europa y su consecuente consolidación nacional, como ya he comentado, se refiere a la lengua como un factor "que nunca fue un problema en los inicios de las luchas de liberación" (47)[51], junto a la ausencia de lo que podríamos llamar una *intelligentsia*[52]: "Al menos en sur y centro América, una 'clase media' entendida en el estilo europeo era todavía insignificante a finales del siglo XVIII. Tampoco había mucho de lo que se entiende por una *intelligentsia.* En 'esos tranquilos días coloniales solo una poca lectura interrumpía el ritmo calmado y snob de la vida de los hombres'" (48). Como consecuencia directa de dicha caracterización, destaca que los procesos independentistas ocurrieron "abruptamente". Esta última cita, Anderson la toma de la biografía *Simon Bolivar* (1848), de Gerhard Masur, quien no realiza una semblanza "positiva" de los tiempos coloniales, al menos en términos de un "desarrollo" cultural europeo.

---

50 Ver Balakrishnan 64-67.

51 Posteriormente incorpora la religión y la cultura: "Como hemos visto, fue precisamente el compartir una lengua común con la metrópoli (así como una religión y cultura comunes) lo que hizo posible la construcción de las primeras imágenes nacionales" (197).

52 Jean Franco ha definido el término de la siguiente manera: "Estoy así considerando deliberadamente la *intelligentsia* no como individuos, ni fracciones de clase, más bien como un grupo constituido sistemáticamente, unido (para usar la expresión de Bourdieu) por un *habitus* común, es decir: percepciones comunes, dispositivos, prácticas e instituciones que dan cuenta de la sistematización natural de su producción intelectual, al mismo tiempo que permiten diferentes estrategias discursivas dentro de ese mismo campo intelectual" (1988 504).

Ambas afirmaciones son imprecisas, pues si revisamos los censos de las bibliotecas de la época –en especial en la zona del Caribe–, veremos que era otro el panorama: muy por el contrario, el grupo letrado estaba muy al día de las discusiones políticas que estaban ocurriendo en Europa y, posteriormente, también en los Estados Unidos. De la misma manera, el proceso no fue tan "abrupto" o inesperado como Anderson propone. A partir de la segunda mitad del siglo XVIII hubo en Venezuela muchas revueltas a nivel popular (varias de ellas protagonizadas por esclavos), que si bien no necesariamente tenían siempre un perfil emancipatorio, sin duda contribuyeron a mantener un ambiente de insubordinación e inestabilidad que influyó notablemente en los sucesos posteriores. En 1797, desde La Guaira, el puerto más cercano a la capital, Caracas, se llevó a cabo la frustrada Conspiración de Gual y España (Manuel Gual y José María España), quienes ayudados por el mallorquín republicano Juan Bautista Picornell, preso allí, se ocuparon de organizar la primera rebelión propiamente dicha contra el régimen colonial, además de traducir y distribuir los "Derechos del hombre y el ciudadano", aprobados por la Asamblea Nacional Constituyente francesa el 26 de agosto de 1789.

Más adelante en el libro, Anderson acota el hecho que, para muchos de los llamados intelectuales progresistas/cosmopolitas ¿europeos? de su época, referirse a cualquier tipo de nacionalismo suele conllevar una semblanza "neo-patológica", asociada con los miedos y odios frente a un "Otro", además de equiparaciones inmediatas con los más diversos racismos; sin embargo, señala lo raro que resulta encontrar producciones nacionalistas concretas, en particular en la poesía y las canciones populares, que reflejen estos temores y aversiones (141-142). Decide concentrarse entonces en la experiencia de simultaneidad y unisonancia que suele manifestarse, dentro de una determinada "comunidad imaginada", en el momento en que se entona un himno nacional (145), como antes lo hizo con respecto a la lectura de los periódicos y las novelas.

En su análisis, llega a la conclusión que los sueños racistas no tienen su origen en la propia idea de nación, sino en los conflictos ideológicos entre las clases sociales. Con ello pretende contrarrestar las lecturas negativas frente a los nacionalismos que habían desarrollado otros teóricos importantes como Ernest Gellner, Tom Nairn y Eric Hobsbawm. Para estos últimos, la idea de nación moderna está intrínseca e inevitablemente unida a la de un nacionalismo exacerbado, de corte negativo; por ello, el Estado-nacional no debería ser la única manera en que puede organizarse/ pensarse una sociedad: eventualmente deberían encontrarse otras formas más "depuradas" –¿y globales?–, pues los excesos nacionalistas han dejado huellas nefastas en la humanidad, que bien podrían repetirse.

En el caso de Anderson, por el contrario, los nacionalismos no tienen por qué ser manejados inevitablemente de maneras extremas. De hecho, muestra lo internalizadas que suelen encontrarse las manifestaciones de la nación moderna a estructuras concretas de solidaridad social y a un sentido de pertenencia, que surgen como consecuencia directa del paso de los regímenes religiosos y dinásticos a la nación. Me atrevería a agregar que su reconocimiento –e incluso defensa– a los nacionalismos y a las mediaciones que establece en su concepción de la nación como comunidad imaginada, están ligadas a su propia condición irlandesa, desde la cual él mismo "siente" e "imagina" –a la nación– como la estructura socio-política imprescindible para que puedan conservarse las particularidades e intereses de cada grupo nacional, incluso dentro de un Estado mayor. En un libro posterior, *The Spectre of Comparisons: Nationalism, Southeast Asia and the World* [*El espectro de las comparaciones. Nacionalismo, el sureste asiático y el mundo*] (1998), en el último párrafo, Anderson cierra con una pregunta en la cual destaca explícitamente el sentimiento positivo que los nacionalismos generan: "hay algo de valor en todo esto, aunque nos pueda parecer extraño [...] no importa qué crímenes cometa el gobierno de una nación y cuáles de éstos hayan sido apoyados por sus pasajeros ciudadanos: mi País es en última instancia Bueno. En estos tiempos milenarios difíciles, ¿podemos desechar provechosamente esta Bondad?" (368).

Me parece que la mayor disyuntiva, a la hora de hacer un balance sobre el alcance de los nacionalismos en la época moderna, radica precisamente en esa bizarra entre lo "bueno" o lo "malo" donde se suele insertar la discusión (aunque muchas veces no se apele directamente a categorías morales sino "racionales"). A esto se une el temor de que puedan desatarse los horrores que padeció el continente europeo durante la Segunda Guerra Mundial bajo las banderas fascistas y totalitarias, o reforzar de alguna manera las razones erigidas por los grupos separatistas o insurgentes que han venido utilizando la violencia para marcar su inconformidad con algunos regímenes.

Los nacionalismos han sido asociados reiteradamente a la imagen de Jano, cuyas representaciones lo muestran con una cara doble, mirando hacia adelante y hacia atrás al mismo tiempo. El dios romano Jano, hijo de Creusa y Apolo, fue dotado por Saturno con el don de ver hacia el pasado y el futuro, para que pudiera tomar decisiones sabias y justas[53]. El desarrollo desigual que se asocia a la idea de nación, que conlleva conjuntamente la progresión y la regresión, implica esa carga al unísono de racionalidad y sentimiento que vengo destacando. Los nacionalismos recurren al pasado para entender/justificar el presente o, como ha afirmado Tom Nairn: "a través del nacionalismo, la muerte está despierta, éste es el punto: en serio, despierta por primera vez. Todas las culturas han estado obsesionadas con la muerte y la han colocado en otro mundo. El nacionalismo la realoja en este mundo" (4). De allí el riego de remover el pasado y traer de nuevo la sangre que pudiera encontrarse allí: odios, rencores, venganzas, desigualdades... que debieran quedarse sepultados, pero que los nacionalismos insisten en volver a hospedar.

Aunque Anderson incorpora en su análisis, además de las novelas y los periódicos, otro tipo de artefactos culturales –el rito "sagrado" que se "siente" al entonar las notas del himno nacional o ante la tumba del soldado desconocido–, su premisa fundamental está estrechamente imbricada a los alcances que ese capitalismo impreso posibilita. Es la palabra escrita la que va determinando la construcción y consolidación de una "comunidad imaginada". Es en la certeza de ese acto de lectura, unida a lo que esa palabra escrita va hilvanando, donde vemos concretarse, según él, la idea de nación y su consecuente nacionalismo.

Este anclaje en la cultura letrada, creo que limita las posibilidades para poder encontrar explicaciones más certeras a las manifestaciones y alcances de un fenómeno que no solamente pasa por allí (por la lectura, la escuela, los monumentos nacionales), sino también –y con mucha fuerza– por aquéllos que probablemente no sepan escribir y/o leer, pero están allí

[53] Márquez.

y seguramente "sientan" ese mismo nacionalismo. Asimismo, es necesario destacar que estas manifestaciones se conectan, además de con la palabra escrita, con la oralidad, con lo popular, con la memoria, las imágenes, los sabores, los sonidos... Es en la combinación de todos estos niveles que podremos encontrar mejores razones/motivos para "entender" por qué cierta gente es capaz de dar su vida por eso que se llama una nación o una patria, así como olvidarse de sus diferencias y enfrentar –o justificar–, unidos, las amenazas nacionales, así como compartir ciertos momentos "sagrados", apropiándose de una simbología heroico-nacionalista.

Como acabamos de ver, la mayoría de los teóricos que se ocupan del tema de la nación y los nacionalismos, parecieran estar preocupados particularmente en mostrar los extremos negativos a los que se ha llegado bajo las banderas nacionalistas o, por el contrario, mostrar la necesidad de defender nociones como patria, nación, autenticidad, identidad, como vías para enfrentar los modelos homogeneizadores que vienen de los gobiernos centrales. Ambas posturas suelen tener razones de peso para defender sus puntos de vista: la historia está plagada de excesos y carencias al respecto. Yo quisiera proponer, sin embargo, otro ángulo del problema, para el cual debemos colocarnos en una dimensión intermedia y no por ello menos *crítica*. Resulta relativamente sencillo acusar de extremistas a quienes han llevado a cabo actos de violencia terrorista, de los más variados calibres como los que pueblan el planeta por nuestros días; mucho más complicado hacer notar que la violencia, también cuando es ejercida por el Estado, puede tener los mismos visos (terroristas)[54].

Una nación podría entenderse así como "modos específicos de respuesta cultural, política e ideológica" (Vernik 49), a través de los cuales se obtiene un perfil propio y particular. Aunque los nacionalismos implican por definición, para muchos, un exceso: la necesidad imperiosa de dar la vida con tal de defender eso por lo que los antepasados lucharon y la obligación de defender el futuro de las generaciones por venir, parecieran presentarse como problema sobre todo en situaciones límites: en guerras

[54] Puede parecer un tanto obvia esta aclaración, sobre todo en el caso latinoamericano, luego de la larga tradición de Estados dictatoriales que hemos sufrido. Valga, sin embargo, la aclaratoria por los momentos puntuales en que estamos viviendo y las revisiones que se están llevando a cabo sobre el tema.

o conflictos graves. Pero, como muestran algunos ejemplos a propósito del caso venezolano con respecto al culto a Bolívar –la música de la canción de cuna con la que se arrulla a los infantes (que es la misma del himno nacional: "duérmase mi niño que tengo que hacer, lavar los pañales y sentarme a coser… / Gloria al bravo pueblo que el yugo lanzó, la ley respetando la virtud y honor") o la presencia de la estatua ecuestre del Padre de la Patria en cada plaza pública–, hay gestos y actitudes nada escandalosos o "extremos" que también encierran el germen de ese nacionalismo. Hay, sin duda, un elemento muy particular dentro del nacionalismo venezolano: una cohesión que hasta ahora ha hecho que, para muchos (casi *todos*), no importa el credo religioso o político, la clase social, las preferencias sexuales o el color de la piel, se comparta no solo el reconocimiento ante el Libertador –a secas, sin las comillas esta vez–, sino su culto.

Entramos con esto a otro matiz de los nacionalismos, propuesto por el psicólogo social Michael Billig, en su libro *Banal Nationalism* [*Nacionalismo banal*] (1995). Su reflexión comienza con la referencia al "aurea" que viene adherida a la idea de los nacionalismos modernos:

> En nuestra época, pareciera como si un "aurea" estuviera presente en la propia idea de nacionalidad. La violación de la madre tierra resulta mucho peor que la violación de madres concretas; la muerte de una nación es la peor de las tragedias, peor que la muerte de carne y hueso. El aura adherida a la soberanía nacional no es, sin embargo, absoluta, pues frente a todos los incidentes no responde de la misma manera […] El aurea de la nacionalidad siempre opera dentro de los contextos del poder (4).

Con ello, Billig destaca las hipocresías escondidas detrás de las ideas nacionalistas, manejadas siempre según el antojo de ciertos intereses y, consecuentemente, propone entender el nacionalismo como una ideología. A través de ello, cuestiona la propuesta de Benedict Anderson de entender la nación simplemente como una "comunidad imaginada" de personas, puesto que la idea encierra mucho más que eso. La nación, tal como la entendemos, está siempre inscrita a un lugar particular que también es imaginado tanto en un sentido geográfico como simbólico, no solamente como "limitado y soberano":

> Hasta hoy en día, las canciones patrióticas [norte]americanas declaman "América la hermosa" e invocan la bendición de Dios. En estos himnos de elogio, la belleza no está localizada: América no es hermosa porque ofrece una cascada sorprendente cerca de Buffalo o un cañón a dos millones de millas en Arizona. El país como totalidad es elogiado como especial, como "lo Bello" (Billig 1995 75).

Aunque Billig reconoce la importancia de los periódicos en la reproducción de la nacionalidad, insiste en que ese rito cotidiano es mucho más complicado de lo que indica Anderson.

Su propuesta del "nacionalismo banal" se refiere concretamente a la manera en que nuestras sociedades están organizadas cotidianamente, donde pareciéramos reproducir gestos poco trascendentales –como leer la prensa todos los días (tal como acotara el propio Anderson), encender la radio o la televisión, ir a la escuela o realizar cualquier trámite legal–, que en realidad encierran una manera particular y trascendental, sin ejercer la fuerza o ninguna pasión extrema, de anclarnos en el país –o la cultura– a la cual pertenecemos por la simbología que cada uno de estos actos encierra, así como las marcas nacionales que los acompañan.

La imagen metonímica del nacionalismo banal, que en nada se relaciona con su acepción "benigna", no es solamente –sostiene Billig– una bandera que se mueve conscientemente con una pasión fervorosa, es también la bandera que cuelga desapercibida en un edificio público, en los patios de las escuelas norteamericanas donde los niños deben hacer fila antes de entrar a sus salones de clase (8), o la inmensa bandera que colgaba en la sala del Panteón Nacional cuando estaban siendo exhumados los restos del Libertador Simón Bolívar. La bandera chilena también estuvo presente, en primer plano, en el colosal rescate de los treinta y tres mineros, el 13 de octubre de 2010, a través de las imágenes trasmitidas en vivo y repetidas en incontables oportunidades por todo el mundo: allí estaban los colores patrios, representando el símbolo máximo de la nacionalidad, en un lugar de honor, mientras iban apareciendo cada uno de los hombres que habían estado atrapados setenta días en las oscuras entrañas de la tierra, salían a la superficie –a la "libertad", decían los locutores y voceros oficiales–, tras el tenso recorrido a través del inmenso túnel en esa especie de cápsula espacial.

El nacionalismo se nos muestra así como una presencia omnipresente de la cual no podemos escaparnos. El nacionalismo es más que un sentimiento de identidad, más que una interpretación o teoría del mundo: es una manera de ser dentro del mundo de las naciones. La batalla por el nacionalismo es una batalla por la hegemonía, por medio de la cual una parte dice hablar por toda la nación y representar la esencia nacional (Billig 1995 27).

En estos tiempos globalizados, cuando las relaciones entre los habitantes del planeta se han vuelto tan distintas por los desarrollos extremos de las comunicaciones, y cuando las fronteras entre lo propio y lo ajeno se han ido desdibujando, seguimos siendo interpelados por una simbología nacionalista con la cual aún continuamos relacionándonos en términos ciudadanos: "ser ciudadano no tiene que ver sólo con los derechos reconocidos por los aparatos estatales a quienes nacieron en su territorio, sino también con las prácticas sociales y culturales que dan sentido de pertenencia" (García Canclini 19).

Para concluir con este capítulo, quisiera retomar brevemente algunas referencias al culto a Bolívar en la Venezuela de estos inicios del siglo XXI. Allí, la exacerbación nacionalista se entreteje a diario con esos gestos banales que han impregnado toda la historia republicana (como impregnan la historia de cada país) y que los venezolanos llevan desde niños al ser arrullados con esa canción de cuna que, como quien no quiere la cosa, les cuenta desde bebés que son parte de ese pueblo heroico que liberó a tantos otros; luego, cuando van creciendo, se escucha su letra y música cada doce horas a través de los medios de comunicación.

El tono beligerante característico del presidente Chávez cuando enfrenta cualquier intervención pública, dentro y fuera del país (que para quienes lo apoyan constituye la revancha necesaria frente a un pasado de muchas injusticias sociales, y para quienes se le oponen una muestra más de su falta de cordura y/o actitud autoritaria)[55], va acompañado de

[55] Como he señalado previamente, no quisiera caer en la visión acostumbrada, proyectada sobre todo desde los medios de comunicación nacionales e internacionales, de que Venezuela es un país completamente escindido, con dos polos irreconciliables, pues ciertamente existe una ancha franja en medio de los dos extremos, llena de muchos matices, y donde pueden colocarse tanto a chavistas –u oficialistas– como a *opositores –los* "escuálidos", como los bautizó el propio

prácticas grandilocuentes, aunque también de simbolismos y mensajes banales: encuentros internacionales muy frecuentes, donde suele destacarse su imagen en pancartas enormes (que además mantienen empapelado al país de costa a costa), unidos inevitablemente a un tono y actitud protagónicos por parte del Presidente; muy promocionadas compras de las deudas de otros países y regalos millonarios a los más necesitados; pomposos desfiles militares; programas y cadenas televisivas (por temporadas casi a diario) en que Chávez recurrentemente da clases de historia patria, al mismo tiempo que insulta a sus opositores y promete proyectos que deben cumplirse casi siempre a muy largo plazo, así que es necesario que el pueblo lo mantenga por mucho tiempo en el poder...

Este despliegue nacionalista va acompañado de gestos "banales" que se le imponen a la población: todos los empleados públicos de escasos recursos llevan camisas rojas como uniformes, rojo es el color de la revolución y de ese color se viste quien apoye el proceso revolucionario en cualquier acto oficial (el mismo Presidente tiene un ajuar de guayaberas y franelas rojas que utiliza cada vez que no puede vestir el traje militar o de civil más formal, aunque también en esos casos lleva una guardacamisa y/o boina roja, o una corbata o bufanda del mismo color). Es, en consecuencia, rojo el color de quienes marchan en apoyo al Presidente. Cuando se realiza una remodelación a cualquier edificio ministerial, se aprovecha para pintarlo con el amarillo, azul y rojo de la bandera (también los logos de cada entidad oficial, papel timbrado, sobres y papelería en general, reproducen el escudo nacional y los colores patrios); la tela de los uniformes deportivos se diseña en función de la bandera, con todo y sus ocho estrellas. En su famoso programa "Aló Presidente", trasmitido por las televisoras y radios oficiales cada domingo (sin que nunca se pueda anticipar cuántas horas durará, pues esto depende de lo que Chávez desee en cada oportunidad: después de todo, él es su conductor y protagonista),

Presidente ("sucio, asqueroso, flaco, malicento" reporta el DRAE a propósito de esta palabra). Sin embargo, en lo referente a los excesos oratorios de Chávez, resulta muy difícil no colocarse en alguno de los dos extremos. Los continuos discursos del Presidente suelen ser piezas muy interesantes desde el punto de vista retórico, ideológico y político; el problema radica en el exceso y recurrencia de los mismos aunque, por otro lado, constituyen un punto de referencia imprescindible dentro de los sectores populares que lo apoyan.

suele tener un retrato de Bolívar a su espalda; retrato que en no pocas oficinas públicas ha venido siendo sustituido por la imagen del propio presidente Chávez.

Esta exacerbación nacionalista no es exclusiva del bando gubernamental, aunque sin duda su despliegue es mayor por los recursos que dispone (en un Estado petrolero como lo es Venezuela, quien cuenta con más presupuesto es siempre el gobierno de turno). Durante los convulsionados meses de marchas y contramarchas que desembocaron en el paro petrolero y el golpe de abril del 2002, los opositores vestían con accesorios que contenían los colores de la bandera venezolana y, como ya fue señalado, el lema de la campaña presidencial de Manuel Rosales, cuando la reelección de Chávez en 2006, tomaba parte de la letra del himno nacional: "Atrévete…, a seguir el ejemplo que Caracas dio".

Capítulo V

El culto a Bolívar según Hugo Chávez

Quisiera retomar ahora la propuesta de entender el culto a Bolívar como una ideología política, la más importante que ha permeado la vida venezolana desde sus inicios. Como hemos visto, lo más resaltante con respecto a dicho culto no ha sido tanto su perdurabilidad, pues el culto a los héroes independentistas es una característica clave que marca a toda América –de norte a sur– como imperativo de su condición postcolonial (por algo sus ciudades están pobladas de monumentos alegóricos, muchas de sus calles y avenidas llevan los nombres de sus próceres, y los días de asueto y conmemoración de las fechas patrias son los que más abundan en los calendarios oficiales), sino los excesos a los que se ha llegado en su nombre en momentos claves de la historia republicana venezolana.

El culto nació oficialmente como una manera de restablecer la ilusión de recomposición nacional, al repatriar los restos reales y "simbólicos" del "Libertador" en 1842. A partir de ese momento, comenzaron a importar más sus virtudes militares que las legislativas, a pesar de haber representado en su persona ambas dimensiones por igual; alcanzó uno de sus niveles de veneración más altos en el primer centenario de su nacimiento bajo Antonio Guzmán Blanco[56]. Mantener su devoción ha sido visto como el único camino posible para resarcir las injurias cometidas en su contra, luego de su muerte en el exilio, abandonado y traicionado por todos. Paralelamente, la figura de Bolívar ha acompañado a los más amplios sectores de la sociedad venezolana; a nivel popular, su presencia ocupa un lugar destacado dentro de las historias que se han ido trasmitiendo oralmente de generación en generación.

Por otro lado, la época de la independencia ha representado también la etapa más importante dentro del imaginario nacional venezolano, no solo por los éxitos alcanzados por el propio Bolívar dentro y fuera del

[56] Sobre las celebraciones del primer centenario ver Carrera Damas 2006 391-420.

país, sino porque ha sido el único momento de toda su historia donde se contó con cuatro figuras más, de proyección internacional: *Francisco de Miranda* (1750-1816, fue el gran precursor de la Independencia venezolana; participó en la Revolución Francesa –su nombre está inscrito en el Arco de Triunfo de la ciudad de París– y tuvo contacto directo con las grandes personalidades de su tiempo durante los muchos viajes que realizó por Europa y los Estados Unidos; además, sostuvo un famoso romance con Catalina II de Rusia), *Simón Rodríguez* (1769-1854, maestro de Bolívar y, junto a Fray Servando Teresa de Mier, uno de los intelectuales americanos más destacados de esa época), *Andrés Bello* (1781-1865, también maestro del futuro "Libertador", a pesar de su corta edad; viajó con él a Londres en 1810 en representación del nuevo gobierno revolucionario para recaudar fondos y obtener el reconocimiento de la nación inglesa –donde publicó sus dos famosas Silvas[57]–; en 1829 viajó a Chile para trabajar con el entonces presidente Diego Portales; fundador de la Universidad de Chile, creador del Código Civil chileno y de la *Gramática de la lengua castellana destinada al uso de los americanos*) y *Antonio José de Sucre* (1795-1830, el gran estratega militar que acompañó a Bolívar por el resto del continente; héroe de la Batalla de Ayacucho y primer presidente de Bolivia).

Esa coyuntura internacional nunca ha vuelto medianamente a repetirse, por lo cual el período emancipador se convirtió en la muletilla a recurrir cada vez que el país y su clase política se encontraban en apuros o necesitaban reforzar el perfil –y, por ende, el poder– de alguno de sus dirigentes. Con la muerte de Juan Vicente Gómez en 1835 –el 17 de diciembre, el "mismo día" de la muerte de Bolívar– y la explotación petrolera, comenzaron los primeros pasos hacia una nueva etapa de modernización en la cual, aparentemente, el culto pasó a un segundo plano aunque, como vimos, nunca dejó de estar presente a la hora de pensar/definir/debatir/sentir a propósito de la "nacionalidad venezolana". El culto a Maria Lionza, surgido a la par del perfil petrolero que iba adquiriendo el país, incorporó a las figuras patrias en un lugar de honor dentro de un área muy particular del panteón popular.

[57] Dos de los textos fundacionales de la poesía americana: "Alocución a la poesía" (1823) y "Silva a la agricultura de la Zona Tórrida" (1826).

En los comienzos del siglo XXI, gracias al Presidente Hugo Chávez, el proyecto *bolivariano* –conjugando sus dos lecturas: la de izquierda y la de derecha–, ha pasado a estar de nuevo en el epicentro de la vida nacional, al extremo de habérsele cambiado el nombre al país: desde 1999, la República de Venezuela pasó a llamarse oficialmente República Bolivariana de Venezuela, y comenzó la V República (recordemos que la cuarta se había iniciado en 1830, luego de la ruptura con la Gran Colombia, poco antes de la muerte del "Libertador"[58]).

Los nombres relacionados con la época de la independencia han vuelto a tomar un lugar protagónico, en detrimento de cierta nomenclatura "democrática" y civil que había comenzado a introducirse, por la insistencia del presidente Chávez en rebautizarlo todo y, con ello, marcar la condición militar de su proyecto, su gobierno y el Estado que preside (así como en su afán por descalificar los cuarenta años de gobiernos civiles elegidos antes de él).

El Parque del Este, diseñado por el famoso arquitecto brasileño Roberto Burle Marx, es el más importante en esa parte de la ciudad de Caracas y donde suelen reunirse los más diversos sectores sociales, por ser de los pocos sitios de esparcimiento al aire libre con que cuentan los habitantes dentro de la congestionada ciudad capital. Fue inaugurado el 20 de enero de 1961, por el entonces presidente Rómulo Betancourt, considerado por muchos el padre de la democracia venezolana. A mediados de julio de 2008, por decreto de Chávez, se le cambió el nombre por Parque Generalísimo Francisco de Miranda (en julio del 2011, la estación del Metro ubicada en una de sus entradas, que también se llamaba Parque del Este, fue cambiada por Estación Miranda). Uno de los íconos más característicos del lugar había sido una réplica de la Santa María, una de las tres calaveras de Cristóbal Colón al llegar a las Indias/América en 1492, que fue sustituida por el proyecto de reconstrucción del Leandro, la goleta con la cual el precursor Miranda viajó un par de veces al país, en 1806, para intentar comenzar su proceso libertario; desde allí enarboló por primera vez la bandera de Venezuela, con sus tres colores característicos: amarillo, azul y rojo. Dentro del proyecto

[58] Al respecto ver nota 16 del capítulo II.

de reconstrucción del ideario socialista bolivariano, es determinante cuestionar cualquiera de los legados coloniales, al igual que los puntos intermedios, dentro de la historia venezolana, que interrumpan el legado directo que Chávez ha recibido del Padre de la Patria.

Christopher G. Flood, uno de los autores más relevantes sobre el tema de las mitologías políticas, apunta en su libro *Political Myth: A Theoretical Introduction* [*Mito político. Una introducción teórica*] (1996), que fue a partir del siglo XIX cuando comenzaron a configurarse dichas mitologías tal como son entendidas y seguidas hoy en día. Según él, dondequiera que encontremos vida política en la sociedad moderna, encontramos una ideología política (18). Los mitos políticos se ubican así en la intersección entre la teoría de los mitos sagrados y la teoría de la ideología (esta última entendida, indistintamente, como un sistema de creencias políticas particulares –el marxismo, el anarquismo o el fascismo, por ejemplo– o como la característica genérica común a diferentes sistemas de creencias [15-16]).

La construcción de mitologías es, según Flood, una actividad normal dentro de la vida política: en ese espacio compiten diversos grupos de creencias alrededor de las cuales una sociedad delimita lo que es y lo que espera llegar a ser. Si bien constituyen narraciones o historias consideradas "verdaderas" dentro de un determinado grupo social, es muy importante entenderlas en función de la variabilidad que dicha categorización "de verdad" establece en un contexto histórico particular; también debe prestársele atención especial a la construcción discursiva que se elabora a través de sus marcas ideológicas, tanto en su proceso de producción como en su recepción. A todo esto se le debe añadir el análisis del vocabulario y la sintaxis con los cuales se construyen dichos mitos, la simbología que los acompaña, los discursos específicos que se elaboran para su fundamentación y los aspectos que van más allá de su construcción verbal: los ritos y ceremonias políticos suelen estar combinados con maneras específicas de utilizar el vestido, la propaganda, la música... (5-17). Mediante el análisis de todos estos aspectos, podemos entender las creencias ideológicas particulares a través de las cuales se explica y evalúa el mundo en un momento específico: "de esta manera, las ideologías ofrecen un grado de seguridad y alivio frente a la ambigüedad, son incluso un santuario de fe en tiempos de crisis; contribuyen a darle a los individuos un sentido de identidad pues les proveen de un cuerpo de conocimientos y de creencias" (19).

Uno de los aspectos más interesantes, en el caso particular de la Venezuela actual, es las maneras en que la ideología bolivariana promulgada por el presidente Chávez, mezcla continuamente elementos "residuales", "dominantes" y "emergentes" en relación al culto. Estas tres categorías fueron descritas por el teórico cultural inglés Raymond Williams en su famoso libro *Marxism and Literature* (1977).

Para Williams, la palabra cultura es una de las más difíciles de definir en la lengua inglesa, pues evoca simultáneamente dominios materiales y simbólicos. Como consecuencia de esta dificultad, insiste en que el estudio de la cultura no debe privilegiar ninguno de estos dos dominios; muy por el contrario, debe interrogarse más bien la relación entre ambos. La complejidad de una cultura, que es lo que interesa analizar, se encuentra no solamente en los procesos variables y en sus definiciones sociales totalizadoras (tradiciones, instituciones y formaciones), sino también en las interrelaciones dinámicas de sus diversos momentos, estados y representaciones (121).

Lo dominante lo equipara con lo hegemónico o establecido. Lo residual (diferente a lo arcaico: aquello que se reconoce plenamente como un elemento del pasado, aunque en la práctica a veces sean difíciles de separar) tiene su origen en el pasado, pero aún se halla activo dentro del proceso cultural, no sólo como elemento de ese pasado, sino como un aspecto vivo dentro del presente: "ciertas experiencias, significados y valores que no pueden ser expresados o verificados sustantivamente en términos de la cultura dominante son, no obstante, vividos y practicados sobre la base de un remanente –tanto social como cultural– de alguna formación o institución social y/o cultural anterior" (122). Lo emergente son los nuevos significados y valores –nuevas prácticas, nuevas relaciones y tipos de relaciones– que se están creando continuamente dentro de una cultura, aunque muchas veces sea muy difícil determinar cuándo son efectivamente novedosos (para ello, deben estudiarse siempre en relación cabal tanto con lo dominante como con lo residual).

Christopher Flood incorpora una cuarta dimensión al esquema

de Williams: lo "establecido", que son esas otras ideologías que se dan corrientemente aunque pueden no formar parte de la cultura dominante (21). Se refiere, en particular, a la manera en que las narrativas de ciertos acontecimientos del pasado o del presente pueden ser contadas por relatores apropiados para una audiencia apropiada y se convierten, a partir de allí, en mitos políticos que van adquiriendo diversos matices a medida que se siguen narrando (26). Aunque en general los mitos políticos no suelen mantener un estatus sagrado en las sociedades seculares modernas, éstos necesitan ser aceptados fundamentalmente como verdaderos por un grupo determinado, no importa su tamaño o constitución; de esta manera, adquieren funciones comparables a las que poseían los mitos sagrados en las sociedades tradicionales, sobre todo en relación a la distribución del poder (41). Así como los mitos sagrados fueron incorporados a diversas formas literarias o folclóricas, los mitos políticos pueden relacionarse con otros sistemas literarios o narrativos; se les representa también a través de pinturas, afiches y monumentos escultóricos, así como en ceremonias colectivas, ritos, fechas y lugares (42).

Lo importante para Flood será establecer "cómo, y hasta dónde, una narrativa política está ideológicamente marcada" (46), más allá de que sea o no verdadera. Recurre entonces al ejemplo de Stalin y su estrategia de mistificación para promover el culto a Lenin mientras que, al mismo tiempo, se iba él erigiendo como el más cercano y auténtico de sus discípulos, además del guardián de quienes quisieran desviarse hacia ideales no ortodoxos en relación a los sistemas construidos por su maestro (51). A medida que fue pasando el tiempo, Stalin fue adaptando la mitología política de Lenin hasta colocarse él mismo por sobre su maestro.

La idea de nación moderna permite la concretización de una mitología política que, aunque se pretende secular, termina colocando esta idea –identificada siempre simbólicamente a la patria–, en el centro de una ideología sagrada alrededor de la cual se narra la nación, sus valores y características, de la cual deben/pueden quedar fuera quienes no sean capaces de moverse o sentirse dentro de esos límites. En el caso de América latina, la nación es "a la vez un punto de partida y un proyecto todavía en parte inacabado" (Guerra 9), donde si no en la praxis concreta, al menos en su conceptualización discursiva, se continúa colocando al Estado soberano y su aparato legislativo en la base de su ideario material y simbólico.

En Venezuela, en 1999, Chávez llamó a una Asamblea Constituyente apenas obtuvo el poder: se redactó una Constitución, sin cuya aprobación popular en un referendo –afirmaba el nuevo Presidente– no podía comenzar su Revolución Bolivariana. Se pretendía partir de cero, escribir una nueva historia del país donde se le reconociera su lugar, participativo y protagónico, al "pueblo". Sin embargo, las bases ideológicas de su proyecto estaban ancladas en los inicios heroicos de la nación, y tomaba como modelo los ideales y el carácter militar de quien proclamaba posibilitó su creación. Es en la intersección entre los usos/manifestaciones dominantes, residuales y emergentes del culto a Bolívar que Chávez ha podido resemantizarse como el representante, por fin –y una vez más–, de los valores propiamente bolivarianos: por ello es importante remover los restos de Bolívar y comprobar si son efectivamente los suyos los que reposa en el Panteón Nacional; por eso debe ser reunido con su amante Manuelita Sáenz; por eso hay que construir un nuevo Panteón Nacional y rediseñar los símbolos patrios. Gracias a la condición petrolera de la nación, y al avance de la tecnología y las comunicaciones, el nuevo líder puede emprender su labor libertadora a nuevas fronteras, no solo las latinoamericanas.

***

El 15 de agosto de 2005, Chávez quiso conmemorar en grande el bicentenario del supuesto juramento del Monte Sacro en Roma, en 1805, cuando frente a su maestro Simón Rodríguez, el joven Simón Bolívar juró "no darle descanso a su brazo, ni reposo a su alma", hasta no romper las cadenas opresivas del poder español en Venezuela.

No por azar, el Presidente escogió una fecha emblemática para presentar, ante la Asamblea Nacional, su propuesta de reforma a la (nueva) constitución, aprobada recién el 15 de diciembre de 1999 (y cuyo proyecto también había sido presentado por él ante la Asamblea Constituyente). El acto fue trasmitido por cadena nacional y contó con más de cuatro horas de un discurso plagado de anécdotas, detalles humorísticos y clases de historia patria de boca de Chávez. Su intervención estuvo precedida por un joven actor vestido de Simón Bolívar, quien declamó parte del mencionado juramento. Se había estado especulando por varios meses lo que el Presidente, de su "puño y letra" (como en su momento lo hiciera Bolívar en Angostura y Bolivia), estaría escribiendo.

Chávez comenzó su discurso evocando, con lujo de detalles, el famoso juramento y otras anécdotas "relevantes" de la historia patria, luego prosiguió con la lectura y explicación de los artículos que proponía reformar. El primero de ellos estaba dedicado a una nueva distribución territorial; luego pasó a su propuesta más importante, según él: la creación de un Poder Popular (y comunal). Terminó colando más adelante, entre otros varios puntos, un presidencialismo exacerbado que le permitía al Ejecutivo designar a dedo ciertos cargos de elección popular siempre que éste lo considerara necesario y la reelección continua indefinida de la figura presidencial, sólo de ella.

Para quienes no acompañan el proceso chavista, la reacción más repetida y general ha sido descalificar automáticamente toda esta retórica, ridiculizar o cuestionar al Presidente y sus seguidores, marcando el exceso y parcialización de todos sus contenidos. Sin embargo, allí radica precisamente –en su retórica del exceso y, al mismo tiempo, en su habla coloquial y confrontacional– parte de su éxito sobre todo a nivel simbólico. Ahondar en dicha retórica puede ayudarnos a comprender el alcance y la indiscutible inserción del proceso revolucionario bolivariano muy en particular dentro de los sectores populares (un apoyo que también contó con la participación abrumadora de muchos otros sectores de la población, pero que ha ido mermando cada vez más).

Nos enfrentamos a una retórica del exceso, pero también de la confrontación, centrada en especial en la figura de un líder indudablemente carismático, quien parte del glorioso pasado emancipador y la recuperación de los antiguos ideales bolivarianos como punto necesario de referencia para la reconstrucción nacional, además de unir eclécticamente diversas concepciones de gobierno que pasan por los extremos y matices más variados: desde un autoritarismo y centralismo exacerbados, pasando por las más diversas y continuas re-definiciones de la participación ciudadana, hasta la defensa de los sectores más necesitados. Todo ello enmarcado en un lenguaje recurrentemente belicista que le ha declarado la guerra total a los anteriores representantes del poder y a la "oligarquía" que los acompañó.

Uno de los slogans más publicitados en los primeros años de su gobierno fue "Chávez es el pueblo": la frase llenó miles de vallas publicitarias a todo lo largo y ancho de la geografía nacional. Me interesa, primero que nada, descomponer retórica y gramaticalmente esta frase y luego reflexionar, siguiendo básicamente a Ernesto Laclau en *La razón populista* (2005), a propósito de las referencias con las cuales se ha ido llenando ese significante vacío o flotante –Chávez–, que ha posibilitado su indudable vigencia y efectividad políticas.

"Chávez es el pueblo" simbolizó y explicitó, como pocas frases, la muy efectiva estrategia que el Presidente y sus asesores lograron para posicionar su lugar dentro del imaginario y la realidad venezolanos a los inicios del proceso revolucionario. En Venezuela habían colapsado las antiguas maneras de ejercer la política; ya no ocupaban ningún espacio los partidos políticos tradicionales ni tampoco los modelos de desarrollo que tantas promesas habían roto. La figura del comandante Chávez, vestido muchas veces de militar y comunicándose directamente con la gente, propagando el exterminio de los viejos paradigmas, el castigo a los corruptos y la implementación de los que algunos han catalogado como el modelo de la "anti-política", no podía sino despertar el anhelo de finalmente haber encontrado un camino hacia cambios reales en un país marcado por evidentes conflictos no solo políticos, sino económicos, sociales e incluso raciales.

Ningún presidente de la Venezuela democrática antes de Chávez hubiera podido diseñar un slogan de esas dimensiones (ni siquiera el Carlos Andrés Pérez de su primera presidencia, 1974-1979, y, mucho menos, Jaime Lusinchi, 1984-1989 –pese al slogan de su campaña electoral: "Jaime eres tú"–): las alianzas de los distintos presidentes habían estado hasta entonces siempre con los sectores económicos más poderosos y, pese a que a veces continuaban formando parte de su retórica política, los sectores más humildes (cada vez mayores proporcionalmente hablando) no encontraban ninguna resonancia ni dentro de las organizaciones políticas más consolidadas ni en las de más reciente data.

El nombre (de) Chávez constituye el sujeto en la oración "Chávez es el pueblo", el actor principal del enunciado, en quien recae la responsabilidad afectiva y simbólica de la concreción de las esperanzas tan largamente esperadas. Es además quien tiene la potestad de "representar" a su objeto: el pueblo, por ser parte de él y sostener que no aspira a alejarse de él una vez está en el poder. El nombre del líder, en tanto singularidad de identificación a la unidad del grupo, queda capitalizado en el slogan propagandístico, siempre acompañado de la propia imagen del Presidente en una actitud de triunfo, dando un discurso y con las manos hacia arriba en gesto desafiante, con los colores de la bandera como corolario de las luchas nacionalistas que hay que emprender para recuperar el verdadero sentido de lo nacional popular.

Chávez se convirtió, desde los meros inicios de su primera campaña electoral –probablemente incluso desde antes, desde su famoso "por ahora" luego del frustrado golpe de estado que dirigió en 1992 en contra de Carlos Andrés Pérez– en el significante vacío que simbolizaba y representaría las reivindicaciones largamente pospuestas: "todo" a lo que finalmente una nueva Venezuela podía aspirar.

A pesar de que a los inicios reforzaba una retórica del esfuerzo individual y colectivo, la necesidad de educación y la garantía de la cobertura de las necesidades mínimas de la población de más escasos recursos, la ayuda eficiente hacia este sector comenzó a mermar a partir del 2007. Una vez reelecto el 3 de diciembre del 2006, habiendo introducido por otras vías legales lo que la mayoría había negado en un Referendo Consultivo sobre la aprobación de su reforma constitucional, Chávez pasó con más fuerza a su etapa internacional.

Si revisamos las argumentaciones de Ernesto Laclau, es indudable que el proceso revolucionario bolivariano cumple a cabalidad las características "performativas" de lo que él califica, no por azar, como "la razón populista". El afecto al líder, muy en particular, ejerce un papel central dentro de las identidades colectivas y genera nuevos modos de representación –en el caso venezolano, con algunos modos más viejos, por la presencia omnipresente del Libertador Simón Bolívar dentro de la ideología política nacional.

Las maneras en que el significante vació Chávez se ha ido modificando de acuerdo a sus propias necesidades de legitimación es probablemente uno de los aspectos más interesantes de todo el proceso (además de observar las fallas continuas de una oposición que en su ciega carrera por deslegitimizarlo, sin reconocer el deseo de las mayorías, solamente ha logrado afianzarlo cada vez más y mostrar las enormes grietas y contradicciones que la componen). El afianzamiento nacional e internacional del Presidente tiende cada vez más a marginar cualquier tipo de cuestionamiento dentro de las filas de sus propios correligionarios. Las necesidades individuales o particulares han dado paso a políticas y caracterizaciones colectivas en que las diferencias solo son importantes en la medida en que sirven como herramienta en contra de los sectores de la población que no representan y/o defienden los ideales proclamados por el líder de la revolución. En esa medida, el gobierno populista de Chávez continúa, luego de más de doce años de ejercicio institucional, definiéndose como un Estado de exclusiones, donde sigue sin interesar la exploración de los aspectos que podrían permitir un diálogo entre los diversos componentes del cuerpo social: la "razón populista" pareciera no poder/querer pasar a otro nivel. Asimismo, no ha llegado aún la hora de confrontar a la revolución en sus logros concretos: con la auditoría y evaluación de sus adelantos, limitaciones y éxitos. Es en la confrontación donde está la base del proceso bolivariano revolucionario: lo administrativo y lo político parecieran estar anclados en una misma e indisoluble instancia coyuntural.

Todo se concreta a través de un enemigo común: la oligarquía, el imperio (los Estados Unidos), la oposición, y no pareciera que llegará nunca un momento de tregua dentro de esa guerra. Por ende, del paso de las demandas democráticas a las populares, que generaron la hegemonía populista, no pareciera poder salirse.

Este modo de construir lo político se propone como la única opción legítima en estos tiempos globalizados, y otro tipo de demandas que pudieran surgir deben siempre esperar. El populismo se constituye en el componente ontológico de lo político como tal y, en esa medida, en la totalidad fallida, el sitio de una plenitud inalcanzable (Laclau 1996 94-96), que contamina todas las instancias de la visa social.

"Todo el poder para el pueblo" es el slogan que apareció al final de la trascripción de las reformas a la constitución que se publicaron en la prensa venezolana el domingo siguiente a la intervención presidencial de ese 15 de agosto de 2005: viene de boca de un presidente que encarna al pueblo, así que lo que él decida es automáticamente lo que el pueblo quiere y necesita. Ya no solo "Chávez es el pueblo", sino que "Todo el poder [es] para Chávez".

¿Cómo insertarse en ese momento coyuntural en que todo el poder, tanto administrativo como político, se propone, no solo de facto, sino en la misma constitución, en las manos de un solo hombre? En ese líder que pretende seguir llenando, "continua" e indefinidamente, el significante flotante de lo político en Venezuela. Como su modelo, el Libertador Simón Bolívar, pareciera él creerse el único capacitado para ejercer el poder (probablemente, como aquél, incluso luego de su muerte).

Ese mismo día que vengo analizando, Chávez anunció sin ningún prurito que había decidido no quedarse gobernando hasta el 2021 (como había anunciado desde los inicios de su mandato) sino hasta el 2030 –cuando se cumplirán los doscientos años de la muerte de Bolívar–, pues son muchas las cosas que aún quiere lograr. En su programa dominical *Aló Presidente* del domingo 24 de septiembre de ese mismo año, en una de sus acostumbradas lecciones (re-escriturarias) de la historia patria, Chávez hizo referencia al blanqueamiento al que sistemáticamente ha sido sometido el "Libertador" dentro de su iconografía oficial; pasó luego a describir cómo debió ser en verdad: moreno, con el cabello ensortijado... muy *parecido* a su propia semblanza física[59].

[59] Le agradezco este dato a Alejandro Chacón, quien fue mi alumno en la Maestría de Literatura Latinoamericana de la Universidad Simón Bolívar.

Segunda parte
Bolívar en la ficción, la plástica y el cine latinoamericanos

Capítulo I

El Bolívar de Gabriel García Márquez[60]

El Libertador Simón Bolívar, como ha sido repetido reiteradamente, es indudablemente una de las figuras históricas más veneradas dentro del panteón heroico latinoamericano. No debe sorprender entonces el *impasse* diplomático, muy reseñado por los medios de comunicación, que provocó en Londres el artista plástico chileno Juan Dávila, en 1994, cuando distribuyó, durante una exposición (financiada por el gobierno de su país), unas postales que reproducían el detalle de un lienzo de gran formato, donde mostraba a un Simón Bolívar *travesti*, con rasgos negroides y haciendo una seña "vulgar" con su mano izquierda. En el último capítulo me ocuparé de la controversial imagen y de la polémica que la acompañó.

Algo similar había ocurrido en Colombia cinco años antes, apenas salió publicada la "novela"[61] de Gabriel García Márquez, *El general en su laberinto* (1989). La *Revista de Estudios Colombianos* le dedicó un número ese mismo año (el número 7); aparecieron notas y comentarios en la mayoría de los periódicos y revistas de mayor difusión tanto en el continente americano como en España. Las primeras reseñas, sobre todo desde el ámbito historiográfico, propusieron un balance negativo del texto. El autor fue acusado, por unos, de anti-santanderista y, por otros, de irrespetar la magnimidad de la figura sagrada del "Libertador"[62].

La novela dibuja a un Bolívar enfermo en los últimos meses de su vida: nostálgico, impotente, contradictorio, con serios problemas digestivos, que sufre de insomnio y es muy mal hablado. En una primera lectura efectivamente son muchos los desarreglos del héroe, tanto físicos como

[60] Le agradezco a *Latin American Literary Review* 38/76 (2010): 71-105 por permitirme reproducir aquí mi artículo.

[61] Subtítulo que acompañó a la primera edición, publicada por la Editorial La Oveja Negra en Bogotá –que será la que utilizaré en esta ocasión–, y que no se repite en ediciones posteriores.

[62] Tanto Rafael Gutiérrez Girardot 201-216 como John Butt 781, han recogido parte de dicha polémica.

emocionales, y bien podría concluirse que nos estamos enfrentando a un tenaz cuestionamiento de la figura tradicional del Padre de la Patria. Como si finalmente lo pudiéramos colocar al margen del panteón nacional y, desde allí, pensar en *otro Bolívar*.

Sin embargo voy a proponer que, muy por el contrario, y a pesar de todos sus males, *El general en su laberinto* constituye un escaño muy alto en la reelaboración (tradicional) del culto. Por el hecho de que observemos a un Bolívar más humano, con debilidades y defectos, no debería presumirse *a priori* que nos estamos enfrentando a un verdadero proceso de desacralización de su figura, tal como lo ha venido afirmando reiteradamente la cuantiosa e interesante bibliografía crítica que ha acompañado posteriormente a este texto: desde Carlos Fuentes, Rafael Gutiérrez Girardot, Roberto González Echevarría y Seymour Menton, pasando por Carlos Alonso, Carlos Rincón, Julio Ortega y Gerald Martin, hasta Peter Elmore y María Cristina Pons (por solo mencionar unos pocos nombres de los más conocidos)[63], todos han señalado una lectura "renovadora" del héroe patrio.

El posicionamiento ideológico novedoso con respecto al tratamiento del héroe fue muy publicitado por el mismo autor. En una de sus primeras entrevistas promocionales, en la influyente revista colombiana *Semana*, García Márquez le comentó muy entusiasmado a la periodista María Elvira Samper que, luego de investigar mucho sobre Bolívar en los libros de historia, y de asesorarse con amigos historiadores tanto colombianos como venezolanos, llegó a la certeza de cómo había sido en verdad la figura histórica: "Estoy absolutamente seguro que Bolívar era así [...] que este hombre no tiene absolutamente nada que ver con lo que le enseñan a uno en la escuela [...] Era muy caribe. Empecé a quererlo mucho y empecé a tener una gran compasión por él. Y, sobre todo, empecé a sentir rabia por todo lo que le habían hecho" (28).

Más reveladoras no habrían podido ser sus palabras, sobre todo cuando más adelante, en la misma entrevista, remata con el siguiente

[63] En la última sección de este libro, dentro de la "Bibliografía consultada", pueden revisarse los datos completos de todas las referencias bibliográficas que pude ubicar sobre *El general en su laberinto*.

comentario: "… yo sigo creyendo que Bolívar, así, apaleado y jodido, es mucho más grande que como nos lo han tratado de vender" (33).

Al menos desde Venezuela, me resulta difícil pensar en un Bolívar aún "más grande" que el que ha pintado la historiografía e incluso el que cuentan los relatos populares, probablemente porque allí no se cuenta con otro héroe dentro del panteón nacional que haya jugado un rol equivalente. Desde la antigua Nueva Granada, la presencia del general Francisco de Paula Santander plantea otra problemática que es sin duda a la que apunta el autor. Desde este ángulo, García Márquez propone una lectura de la historia independentista donde Santander y sus aliados son los responsables del fracaso no solamente de la gesta bolivariana, sino de lo que definiría a la que es hoy Colombia como proyecto nacional. En este sentido, podría sustentarse una "innovación" con respecto a la proposición más difundida dentro de la historiografía colombiana pero, por esa misma razón, no creo que pueda plantearse una verdadera desacralización con respecto a la representación del general (que es como se llama al personaje heroico en la novela), a pesar de lo reiterada de esta afirmación por parte de las lecturas críticas que se han hecho de la novela.

Efectivamente vemos dibujado allí a un Bolívar "caribe" (no es el prócer clásico en su estatua marmolea): con el pelo crespo, que anda sin camisa, muy impetuoso sexualmente, mal hablado y con arranques de cólera que muestran un deterioro evidente de sus facultades. Pero eso no lo convierte automáticamente en "otro" Bolívar, diferente al que estamos acostumbrados; tal vez nos lo muestre más "real" y humano –lo que José Miguel Oviedo cataloga como "la realidad *cotidiana* de su conducta" (22)–; no por eso menos idealizado cuando analizamos su desarrollo general dentro de la novela (por lo demás, vimos que tampoco era ésta la intención del propio García Márquez).

La mayoría de los críticos han señalado la excepcionalidad de colocar al héroe en un contexto diferente[64]. Desde Venezuela, sin embargo, su figura siempre ha sido apreciada, como ya vimos, en un marco dual: tanto

[64] Ver Arguedas (63), Bautista (58), Boland (63), Carrillo (602), Conway (126-27 y 141-142), Ekland (125-129), Fuentes (24-25), García Conde (515), García Dussán (1-3), González Echevarría (1993: 68), Guzmán (109-110), Méndez (203), Ortega (166-167), Oviedo (22), Pons (*Memorias* 163, 186-187 y 190), Pulgarín (123-124 y 143), Rock (41) y Sirias (188-189).

oficial como popular, por lo que el estudio del Padre de la Patria adquiere un perfil bastante particular.

Si apelamos –como ya lo han hecho Roberto González Echevarría (1990), Julio Ortega (1992) y Carlos Alonso (1998)– a las categorías bajthinianas[65] queda claro el proceso desentronizador/sacralizador al que es sometido el héroe y, dentro de esto, podríamos tentativamente aceptar el cumplimiento a cabalidad de dicho proceso desmitificador: se le da la vuelta al personaje, destacando algunos rasgos no previstos y poco idealizados, para colocarlo luego de nuevo en su pedestal y, a partir de allí, mostrar su absoluta grandeza (en el carnaval el rey momo es rey por unos días, pero se sabe que eventualmente todo volverá a la normalidad).

No obstante, nos ocupamos aquí de un personaje histórico que no solo marcó la narrativa fundacional de un buen número de países suramericanos, sino que se ha constituido hasta la actualidad en una referencia obligada del ideario a alcanzar a partir de su propia acción revolucionaria (comparable quizá solo a Martí dentro del panteón latinoamericano –y, en menor grado, a Artigas, un poco antes–). En esa medida, podría esperarse de dicho personaje un potencial transformador que le permitiera transfigurarse de alguna forma y *tal vez* superar, así fuera por escasos instantes, sus diversos y particulares momentos históricos; podrían esperarse algunos rasgos no solo "cosméticos" o de comportamiento "cotidiano", sino sustancialmente diferentes a los que siempre le acompañaron.

En esta novela el general reproduce, más allá de sus malas palabras o de sus trastornos estomacales, lo que siempre se creyó/leyó de él: la propuesta final pareciera indicar que la historia es siempre una y la misma –incluso desde el ámbito de la ficción novelística–, y no hay manera de interferir en ella más allá de lo que en su momento lograron dichos monumentos. En vez de "corroborar la continua actualización del héroe en el firmamento épico de la nacionalidad" (Fernández Bravo 1043), uno podría esperar, a estas alturas de nuestro acontecer histórico político –o al menos el de 1989, año de publicación de la novela–, que pudiéramos complejizar siquiera mínimamente lo que hasta ahora se nos ha contado.

[65] También se han ocupado del tema: Boland (158-159), Valdivieso (285-286) y Watson.

El destino fatalista del héroe, propiciado por su muerte en solitario, debe pagarse como tributo a una historia *mítica –monumental* y *de anticuario–* que pareciera la única a la cual podemos recurrir y donde sólo se permite intervenir a quien le dé continuidad al legado patrio.

Las declaraciones de García Márquez en la referida entrevista podrían no ser relevantes a la hora de trabajar su texto. Sin embargo, dado que esta información se corrobora en la propia novela, concretamente en sus últimos tres apartados –titulados "Gratitudes", firmado con las siglas del mismo autor "G.G.M."; "Sucinta cronología de Simón Bolívar", de "Vinicio Romero Martínez"; y "Mapa esquemático del último viaje de Bolívar, 1830"[66]–, pienso que resulta pertinente traerlas a colación, sobre todo porque, en dichas instancias, es el mismo autor quien entra en el debate sobre las relaciones entre historia y literatura. Mucho se ha escrito sobre el tema y sobre la condición de novela histórica del texto que nos ocupa. Ahora bien, más que ahondar en dicho debate, me interesa marcar algunos de los mecanismos que se erigen como apoyo para mostrar la supuesta innovación garciamarqueana, con respecto al dibujo que se nos hace del héroe.

La travesía río abajo por el Magdalena y las referencias al atentado que sufre el general en Bogotá (el 25 de septiembre de 1828, dos años antes de su prematura muerte) constituyen los núcleos centrales a los que se recurre en el camino hacia el final del personaje y del relato mismo. La referencia al atentado, sin embargo, no ha llamado la atención de la copiosa bibliografía que lo ha acompañado (por lo menos ciento sesenta y un estudios entre reseñas, artículos, capítulos y libros durante estos veintiún años de publicación). Nadie le ha dado importancia, a pesar de que se le menciona en casi todas sus ocho partes (con excepción de la tercera, dedicada al encuentro del general con Miranda Lyndsay –quien también lo salvó de un atentado, pero en Jamaica (82-87)–, y la última, que se ocupa específicamente de la muerte del general). Las referencias al atentado se presentan con mayor detenimiento en las primera, segunda, cuarta y sexta partes; es mencionado solo de pasada en la quinta y séptima

[66] En ediciones posteriores el mapa es ubicado al inicio, luego del epígrafe. La crítica se ha ocupado mucho de comentar estos tres apartados, que Helena Weldt-Basson cataloga como "paratextos".

partes; y retomado en la cronología final. Es, por lo demás, un episodio muy recordado dentro de la genealogía del héroe porque en él intervino su famosa y controversial amante, Manuel[it]a Sáenz, quien lo salvó al obligarlo a saltar por un balcón mientras ella distraía a los "facciosos". Desde su primera intervención en el relato se hace referencia a los enemigos del general y a que "no uno sino varios atentados se estaban fraguando contra él" (15).

Así pues, ya en la primera de las ocho partes del libro se señala el atentado y, a partir de allí, se le traerá a colación en la medida en que se rememorarán los momentos más importantes de la vida del personaje central y se le contrapondrá, unas veces más explícitamente que otras, con el mayor responsable del fracaso de su proyecto, autor intelectual además del atentado: el "general Francisco de Paula Santander, su enemigo principal" (21), quien ya había sido presentado, aunque indirectamente, nada menos que en el epígrafe que abre la novela: "Parece que el demonio dirige las cosas de mi vida (Carta a Santander, 4 de agosto de 1823)".

Resulta desconcertante esta omisión en la totalidad de las lecturas críticas porque, de muchas maneras, da cuenta de una borradura que indudablemente altera el resultado final de la lectura. Son muy pocos los ensayos críticos que mencionan el atentado[67], ninguno destaca su presencia como hilo conductor del relato.

Es interesante constatar, como ya fue señalado previamente, que las primeras reseñas y su correspondiente controversia giraron en torno a la propuesta anti-santanderista del texto (aunque no destacaran el atentado en particular) y, en función de ello, se posicionaron sus detractores o defensores[68]. Posteriormente emerge un análisis más mesurado y detallado que sin embargo olvida este episodio clave cuyo responsable, tal como

[67] Ver Bautista (58), Conway (129), Iglesias Berzal (60-64), Llácer Llorca (158-159), McMurray (40), Menton (1993 107), Watson (39) y Weldt-Basson (106).

[68] Sobre la polémica entre santanderistas y bolivarianos en Colombia, ver Gutiérrez Girardot, quien comparte entusiasta la lectura de García Márquez que aboga por la negación de cualquier tipo de reconocimiento a Santander, además de apuntar su responsabilidad intelectual en la conspiración de 1828 (211). También puede consultarse el artículo de Carlos Rincón (en Kohut, 1994) para un mapa general de la recepción de la novela, apenas publicada, particularmente en Colombia.

acaba de ser indicado, aparece nombrado desde el epígrafe mismo: los críticos se han concentrado en la sugerente referencia al "demonio" como conductor de la vida del personaje[69] y olvidan que la cita ha sido tomada de la correspondencia de Bolívar, aunque no se le mencione explícitamente, y que encontramos nombrada más bien a la persona para quien iba dirigida la carta: "Santander"[70]. A lo largo de toda la novela sólo se llama al personaje central por su nombre de pila en una oportunidad: en el último párrafo de la primera parte (donde el narrador, como nos ha venido acostumbrando el propio autor, nos anuncia desde el inicio lo que ocurrirá al final del relato).

Este narrador contrapondrá una y otra vez a ambas figuras: a "Casandro" (así llama en privado el general a Santander) y al contradictorio, atormentado y enfermo general, quien pese a su avanzado deterioro físico y emocional está siempre preocupado por quienes lo acompañan, muy consciente de la gesta grandiosa que ha realizado y de las mezquindades y falta de preparación para las labores de gobierno de quienes lo rodean. Aún cuando observamos a un personaje moribundo, expuesto a las mayores humillaciones corporales dado su exacerbado deterioro, se le describe constantemente rodeado de una aureola mítico-religiosa que nos lo reivindica como el ángel salvador del pasado y el futuro americanos. Bolívar cuenta con una fuerza interior tan poderosa que le permite con inusitada frecuencia sobreponerse "mágica" y repentinamente a sus males físicos: "El general se agarró sin fuerzas de las asas de la bañera, y surgió entre las aguas medicinales con un ímpetu de delfín que no era de esperar en un cuerpo tan desmedrado" (11). Las referencias religiosas relacionadas con el general, así como las lecturas que lo asemejan al personaje quijotesco, han sido muy trabajadas por la crítica[71]; muy poca atención se le ha prestado a su contrapartida, al otro general en pugna por ejercer/mantener el poder, el "hechicero" y "traidor" Santander: "su grande amigo de otro tiempo y su más grande contradictor de todos los tiempos [...] Fue sin duda el segundo hombre de la independencia y el

[69] Palencia Roth (1990 3-4), García Conde (512) y Guzmán (141).

[70] García Dussán, Guzmán y Rodríguez-Vergara son de los pocos que han destacado la importancia de este último desde el epígrafe.

[71] Albada Jelgersma (56-59), Arguedas (62-63), Boland (160-165) y Vergara (72).

primero en el ordenamiento jurídico de la república" (57-58), por ello me parece que la novela ha sido leída desde una perspectiva incompleta que no da cuenta de la dimensión confrontacional que propone el propio texto.

Junto a Santander se introduce, en la primera parte de la novela, al resto de los actores principales que acompañarán, desde distintos ángulos, al monumento patrio en su última travesía, en especial a su mayordomo José Palacios –figura con la que juega mucho el narrador y desde la cual pareciera construirse, por momentos, la perspectiva narrativa[72]. Se anuncian asimismo las fricciones entre neogranadinos y venezolanos y el inminente (e inevitable) derrumbe de la Gran Colombia, el estado de precariedad en la salud del general que acompaña su propia precariedad dentro del gobierno y dentro de lo que hoy llamamos "la opinión pública" y, por supuesto, están también el recuerdo –y la inevitable nostalgia– de los éxitos y reconocimientos obtenidos. Con todo esto se va construyendo el mosaico de la vida del héroe, caracterizado por recurrentes saltos espacio-temporales como recurso predominante en la construcción del hilo narrativo, detonados por algún acontecimiento/olor/conversación, por los altibajos de la mente enferma y obsesiva del general, o por la necesidad de rememorar su pasado toda vez que el personaje intuye la inminencia de su final; todos estos aspectos llevan la intensión explícita de mostrar su grandiosidad a toda prueba, incluso en el deteriorado estado en que lo encontramos al final de su vida.

La primera parte termina con su anunciada, gloriosa y desolada muerte:

> Era el fin. El general Simón José Antonio de la Santísima Trinidad Bolívar y Palacios se iba para siempre. Había arrebatado al dominio español un imperio cinco veces más vasto que las Europas, había dirigido veinte años de guerras para mantenerlo libre y unido, y lo había gobernado con pulso firme hasta la semana anterior, pero a la hora de irse no se llevaba ni siquiera el consuelo de que se lo creyeran. *El único que tuvo bastante lucidez para saber que en realidad se iba, fue el diplomático inglés que escribió en un informe oficial a su gobierno: «El tiempo que le queda le alcanzará a duras penas para llegar a la tumba»* (43-44, énfasis mío).

[72] Correa (1994 334) y Rincón (1994 87-91).

Se marca de esta manera el tono del resto del relato, donde continuamente se presentarán contrastados el deterioro y la fuerza –tanto físicos como espirituales– del héroe, sus contradicciones en actos e ideas y, al mismo tiempo, su indudable genialidad y fortaleza. Paralelamente, se marcará la presencia de lo especulativo, "un diplomático inglés", que no se sabe quién es, fue el único en darse cuenta que efectivamente iba camino a la muerte. De esta forma, el texto pareciera abrirnos la puerta hacia algunos aspectos distintos a los que pudiéramos esperar o estar acostumbrados, pues incorporará personajes y comentarios "diferentes" a los que encontraríamos en un texto estrictamente historiográfico o incluso biográfico, como si dejáramos a un lado las referencias históricas y nos introdujéramos en un relato "imaginado". Sin embargo, creo que allí radica precisamente una de las muchas "trampas" de la narración, pues pese a todo esto, no es verdad que nos estemos alejando de una proposición donde no prevalezca la perspectiva erigida por la historiografía heroica, que es precisamente lo que la mayoría de las lecturas críticas han destacado al proponer a ese Bolívar "diferente" que emana de la lectura.

La segunda parte de la novela continúa dando más detalles sobre Santander y sus tensas relaciones con el general (lo mismo se reiterará muy en particular en las partes cuatro y seis). Para el narrador, Colombia había tenido dos modelos a seguir y al final, lamentablemente, había vencido el "espíritu formalista y conservador" (58) del neogranadino (Santander). Se nos describe lo que había ocurrido la noche del atentado para insinuar, sin poder afirmarse contundentemente por falta de pruebas (no olvidemos que el autor/narrador corroboró toda la información con los especialistas), que Santander había estado efectivamente involucrado en el complot: "Había sido nombrado ministro plenipotenciario en Washington, pero aplazó el viaje varias veces, tal vez esperando el triunfo de la conspiración" (59).

Seguidamente se nos informa que la sospecha había sido llevada a un tribunal que "había establecido que el general Santander era el genio oculto de la conspiración, y lo condenó a muerte" (61), aunque luego conocemos que el general "le conmutó la pena de muerte por la del destierro en París" (61). Clemencia que no mostrará ni en el caso del general Piar, en quien nos detendremos más adelante, ni en el de un neogranadino de color involucrado en un acto de rebeldía, como acota inmediatamente el mismo narrador: "En cambio, fue fusilado sin pruebas suficientes el almirante José Prudencia Padilla, quien estaba preso en Santa Fe por una rebelión fallida en Cartagena de Indias" (61).

Pareciera así mostrársenos algo que no estuvo bien, que podría opacar la figura del protagonista, pero se trata sólo de un comentario muy de pasada, sin ningún tipo de implicaciones dentro del relato, y que en realidad en nada cuestiona la excepcionalidad del general y sus siempre oportunas decisiones. Contrasta, además, con el sin número de ocasiones en que el narrador necesita explicar en detalle todo lo ocurrido y presentar su propio balance/opinión. Padilla es nombrado de pasada una segunda vez, en la octava parte, cuando el narrador retoma brevemente el tema de las tensiones raciales, para explicar por qué había tan poca gente esperando al general en el embarcadero de Santa Marta, ciudad que siempre se había mostrado "reacia a la causa republicana": "El motivo más fuerte [...] aun entre muchos adictos suyos, fue la ejecución sumaria del almirante José Prudencia Padilla, que para colmo de peras en el olmo era tan mulato como el general Piar" (245).

El mismo episodio detallado del atentado en la segunda parte permite introducir, desde el inicio del relato, una de las aristas más controversiales en la evaluación de toda la gesta bolivariana: sus inclinaciones dictatoriales. Estas inclinaciones, destaca el narrador, habían sido una de las razones erigidas por "los facciosos" para justificar el atentado: "Lo acusaban de querer la presidencia vitalicia para dejar en su lugar a un príncipe" (20). Sin embargo, al final se nos explica que prevalecerán, como ocurre siempre en la novela, la fuerza y clarividencia del general para calmar las aguas. No hay en realidad ninguna profundización sobre el tema/problema, solo el reconocimiento de esa arista peligrosa que lo acompañara siempre, magnificada por los rumores luego de su confesada fascinación al haber presenciado, en persona, la coronación de Napoleón. Es Miranda Lyndsay, uno de los personajes más destacados por la crítica[73], quien reiterará las conexiones entre el general y Napoleón: "De regreso a su casa, su padre

[73] Ver en especial a Elmore (179-181) e Iglesias Berzal (26-27).

le preguntó a Miranda cómo era el conspirador que tanto inquietaba a los agentes españoles de la isla, y ella lo redujo a una frase: «*He feels he's Bonaparte*»" (83).

Por otro lado, llueve todo el tiempo y se insiste recurrentemente en que hace mucho calor, con lo cual la naturaleza y el entorno físico se vuelven reflejos ineludibles de los escollos que debe permanentemente superar el alma singular del general. Héroe romántico por antonomasia que bien rememora al héroe clásico típico (en este caso en mezcla hibrida de varios de sus tipos: el divino/sacerdote, el hombre de letras y el revolucionario) que describiera Thomas Carlyle en *On Heroes, Worship and the Heroic in History* [*Sobre los hérores, su culto y lo heroico en la historia*] (1841).

Nos encontramos así con el mismo dibujo de un héroe decimonónico, que corresponde sin duda cronológicamente al personaje histórico, pero que en este caso particular está siendo descrito e invocado a pocos pasos del siglo XXI. Indudablemente el autor puede hacer lo que mejor le parezca con su personaje, es su privilegio. Para mí, el problema está en las lecturas que se han hecho de él: lecturas que en casi su totalidad destacan la inmensa distancia entre el personaje ficcional y el que nos han descrito los libros de historia, sobre todo en relación a la visión que se nos propone del héroe[74] y que pienso no es, de ninguna manera, una lectura acertada (no me refiero únicamente a que se repita lo que dice la historiografía, eso no lo haría necesariamente menos interesante, sino porque se destaca ese "otro" Bolívar que yo, francamente, no encuentro como resultado final de la lectura).

No solo pudieron haber hecho falta "unas gotas de humor involuntario –y tal vez deseable– en el horror de este libro" (272), como acota el mismo G.G.M. al final de sus "Gratitudes", sino una apropiación riesgosa de lo que se ha pensado y propuesto del héroe hasta entonces. Podría argumentarse que no estoy tomando en cuenta la posible actitud irónica del propio García Márquez cuando hace este comentario o, incluso, el anterior en la entrevista con Samper de estar "absolutamente seguro

[74] Entre los pocos críticos que no sustentan esta distancia se encuentran Albada (55-59), Iglesias Berzal (28), König (57), Morales (39), Pulgarín (132), Soriano (126), Urdapilleta Muñoz (129-130), Rodríguez-Vergara (206) y Vargas (4).

que Bolívar era así". Aunque son indudables ciertos guiños del autor/narrador tanto en la novela como en la entrevista, no resulta sustentable en ningún caso una lectura distanciada o irónica de su parte con respecto al personaje histórico. Habría sido no solo interesante sino importante una relectura que, sin necesariamente desmitificarlo (pues la admiración por él es explicitada por el mismo autor), nos permitiera reconocerlo de otra forma y, a partir de allí, posibilitarnos otro horizonte distinto al que hasta ahora ha prevalecido, en particular por la importancia de la figura bolivariana en el mapeado del imaginario político latinoamericano actual.

Mirada congelada en el tiempo que es evidente sobre todo en la propia escritura de la novela: rememora una estructura monótona y repetitiva (pese a la presencia indudable y magistral de muchos de los acostumbrados guiños garciamarqueanos: llueve mucho, hay varios sueños premonitorios, el general no se siente a gusto en Bogotá, se hace referencia indirecta a otros textos del autor o se incorpora parte del relato de Mutis que había sido anunciado en la dedicatoria), hilvanada por un narrador omnisciente bastante tradicional[75], que acompaña una lectura muy previsible, ausente de mayores riesgos escriturales y conceptuales y que, por sobre todas las cosas, impone unilateralmente la visión que debemos tener del personaje heroico. Una visión que no es desmitificadora, como aparenta, sino más bien grandilocuente: ante los escollos el general se engrandece cada vez

[75] En los trabajos críticos se han recogido muchas posiciones encontradas con respecto al tipo de narrador que prevalece: Jill Albada Jelgersma lo califica como una "metavoz autorial" (59); Miguel Ángel Muro como un "narrador heterodiegético, con conocimiento deficiente de algunos aspectos de la historia, y que se inmiscuye sancionando, valorando o juzgando aspectos de lo que narra" (257); Peter Elmore como un "cronista fidedigno" (184); Isabel Álvarez Boland destaca la presencia de diversas voces narrativas: "Surge una tensión que parece enfrentar los documentos escritos y las voces narrativas" (442); y Charlotte Ekland sostiene que "La novela es narrada en tercera persona, pero ésta no representa una voz objetiva [...] el punto de vista fluye de un personaje a otro" (125). Montserrat Iglesias Berzal, quien ha realizado uno de los trabajos más completos sobre la perspectiva narrativa en la novela, califica al narrador de "absorbente", "al no perder el control sobre cada historia, puede narrarlas como mejor le convenza" (25). Por su parte, Carlos Rincón afirma que no se trata simplemente de un narrador omnisciente "realista", y por ende "moderno", sino "postmoderno" (uno de los aspectos más relevantes e interesantes de la novela, según él [87-99]). Al mismo calificativo de "postmoderno" recurre Carlos Alonso (165-166) al cuestionar el mito bolivariano de consolidación continental, dentro una de las lecturas críticas más interesantes que se han hecho de la novela (junto a las de Elmore, González Echevarría, Iglesias Berzal, Pons y Urpadilleta Muñoz). Christopher Conway coloca el texto, más bien, dentro de una revisión del fracaso de la modernidad latinoamericana (11).

más a los ojos del lector. O, como dijera Juan G. Cobo Borda apenas apareció la novela: "García Márquez desmitifica al personaje romano de sus estatuas y nos lo ofrece, reducido y por ello mismo más grande, en la humana dimensión de sus 1.65 metros" (20).

El narrador insiste siempre, al final de cada acontecimiento/escena/problema, en darnos su evaluación de todo lo que ha ocurrido: "Se habían encendido luces de Pascua Florida en las casas principales, pero el general no se hacía ilusiones, pues sabía que en el Caribe cualquier causa de cualquier clase, hasta una muerte ilustre, podía ser el motivo de una parranda pública. *Era una fiesta falsa, en efecto...*" (174, énfasis mío).

No hay espacio para la disidencia, el juego, la duda o siquiera la especulación, solo podemos participar como cómplices en la evaluación de los aspectos más o menos relevantes en la vida del general y, en esa medida, ubicarnos dentro de su culto. Incluso el tono del lenguaje que reproduce es muy similar al de los libros de historia (logro destacado por el mismo autor en la ya citada entrevista que, desde otro ángulo, también podría dar cuenta de sus propias limitaciones). Escritura de la historia que en última instancia se apoya desproporcional y acríticamente –en mi opinión– en el mismo acto imaginativo al que ha recurrido la propia historiografía tradicional del héroe y donde se nos presentan solamente toques "cosméticos" de *otro Bolívar.*

Es evidente que García Márquez lleva a cabo su propia "apropiación" de una parte de la historiografía que rodea al monumento patrio, además de haber escogido precisamente la etapa menos historiada de su vida: escoge bien qué aspectos quiere destacar y cuáles deben pasar desapercibidos, así como apunta en múltiples instancias a sucesos o personajes que se escapan del marco temporal y/o "real" de su historia. Es lo que ocurre con las figuras femeninas que el personaje evoca con más o menos detenimiento en cada capítulo (Manuela, Reina María Luisa, Miranda Lyndsay, Josefa Sagrario y Anita Lenoit, otra vez Manuela, Camilla y la mujer de los cocuyos, la joven a quien el general rasuró completa en Lima, Delfina y su esposa). Salvo Manuela y esta última, quien murió muy joven poco después del casamiento, el resto de ellas son aparentemente invención, al menos es lo que ha afirmado el propio autor[76]. Pareciera, entonces, que nos topamos con una reconstrucción ficcional de la vida amorosa del héroe, quien por lo demás ha sido siempre recordado como un incorregible e insaciable Don Juan (así es recreado en la propia novela al rememorar su vida hasta estos últimos meses, cuando la cercanía con la muerte ya no se lo permite). Nos topamos así con otra "trampa" del relato: más allá de estas digresiones, que sin duda agilizan la lectura y nos recuerdan la magistral habilidad escritural del Premio Nobel, lo que buscan en verdad es el reforzamiento de la vida gloriosa, visionaria y heroica del general, para contraponerla muy especialmente a las mezquindades de Santander y los suyos.

Gutiérrez Girardot ha señalado, con relación a los datos biográficos en que se basó García Márquez para recrear la vida del héroe, que éstos "no fueron tan eruditamente recogidos como él lo asegura" (215). Al respecto resulta revelador observar cómo el historiador John Lynch, en su biografía *Simón Bolívar: A Life* [*Simón Bolívar: Una vida*] (2006) coloca la novela dentro de su bibliografía, en el apartado titulado "Secondary Works" [referencias secundarias] (338), a pesar de no hacer ninguna referencia a ella en el resto del libro. Es, además, el único texto estrictamente de ficción que aparece citado.

En principio *El general en su laberinto* no se trata de una "biografía" –no se nos propone un "pacto biográfico" (como sí es el caso de Lynch)– pues el texto viene acompañado del subtítulo "novela". Sin embargo, cuando estamos por terminar la lectura nos topamos con unas "Gratitudes" y una "Sucinta biografía de Simón Bolívar" –firmada además, esta última, por alguien que no es "G.G.M."– que sin duda intentan legitimar como "verdaderos" los hechos y opiniones narrados. García Márquez destaca con esto la importancia del "archivo" para construir su narración. Tal como nos lo recordara Michel de Certeau, eso es precisamente lo que caracteriza la escritura de la historia moderna occidental.

Es indudable que ese último viaje por el río Magdalena es el menos documentado y que, gracias a ello, nuestro autor puede ingeniárselas

[76] García Conde sostiene que no es cierto, que se sabe que existieron dos más de ellas: Anita Leroit y Manuela Medraño (1997 517).

para escribir lo que mejor le parezca (mezclando además dentro del relato sus propias experiencias, pues él mismo lo recorrió muchas veces en su juventud, como explica en las "Gratitudes"). Con respecto a esa trayectoria pública y personal, no es en verdad sustantivo, en relación a la lectura del héroe, lo que encontramos de "invención". Obviamente lo son muchas de sus conversaciones, los detalles de su deterioro físico y los encuentros amorosos. De resto aparecen las mismas referencias a la vida de Bolívar que encontramos en la mayoría de los libros de historia y, para mí, el aspecto realmente problemático: la misma lectura que nos proporcionan tanto los más tradicionales como los más recientes textos historiográficos. Problemático porque no pareciera que han pasado los años, que podemos abrir caminos nuevos, renovados y, mucho menos, que se está pensando desde una perspectiva *crítica*, tal como la entendía Nietzsche: se sigue dotando al Libertador Simón Bolívar de una heroicidad que no permite la entrada de nada y nadie más. Seguimos con el mismo personaje de siempre, con sus mismas ideas, como el único camino posible para resolver los problemas de Colombia y América Latina.

Siguiendo la misma línea establecida en el relato, habría resultado enriquecedor adentrarse con más detenimiento y profundidad en al menos alguno de los aspectos más cuestionados de la biografía del monumento heroico: sus inclinaciones dictatoriales (que como ya vimos pasa muy apresuradamente), sus propios rasgos raciales, las consecuencias de la promulgación del Decreto de guerra a muerte, sus amores con Manuela[77], el fusilamiento de los dos militares de color que ya fueron mencionados: el general Piar y el neogranadino Padilla... El narrador se refiere a todos estos episodios y personajes muy de pasada y siempre para repetir lo que hasta ahora ha sostenido la (muchas veces más recalcitrante) historiografía bolivariana. En los escasos momentos en que pareciera abrir la figura heroica a una dimensión diferente, es solo para colocarlo de vuelta en su pedestal. No se cuestiona en profundidad nunca nada de su desempeño

[77] Curiosamente no Manuelita, como se le suele llamar. En el texto solo la llaman así, con el diminutivo, el edecán y futuro cronista de la vida de Bolívar, el general Daniel Florencio O'Leary, y Vinicio Romero Martínez, el autor de la "Sucinta cronología..."; así también la llama Álvaro Mutis en su relato "El último rostro", del cual tomó García Márquez "la idea de escribir este libro", como anuncia en la dedicatoria y reitera en las "Gratitudes".

en la gesta independentista y su posterior participación en los inicios de la construcción nacional. Pareciera que la responsabilidad del fracaso en la implementación del proyecto bolivariano estuviera siempre y absolutamente en los otros; como si el proyecto, incluso en 1989, no pudiera ser expuesto al menor ajuste.

Es lo que ocurre muy claramente en las poco más de dos páginas que se le dedican al general curazoleño Manuel Carlos Piar, quien fue víctima de uno de los episodios más controversiales de toda la gestión pública del personaje histórico (y sobre el cual me ocuparé en detalle en el siguiente capítulo). El narrador reproduce los prejuicios contra dicho personaje, cuidándose de nos desmerecerlo en sus logros militares, y dejando muy en claro la necesidad de su ejecución: "Piar convocaba a negros, mulatos y zambos, y a todos los desvalidos del país, contra la aristocracia blanca de Caracas encarnada por el general" (229). El acusado se concentraba en lograr reivindicaciones "cuando el ejército libertador requería como nunca de sus fuerzas unidas para frenar los ímpetus de Morillo" (229), el general realista que llegó a América, en 1815, con el mayor contingente de soldados españoles, encargado de lograr, a como diera lugar, el repliegue de las fuerzas rebeldes.

Luego de una muy breve introducción, que estuvo precedida por una de las frecuentes confusiones temporales del enfermo, éste atormentado increpa a su mayordomo: "«Vámonos de aquí volando [...] No quiero oír los tiros de la ejecución»" (239), se pasa directamente al juicio en contra de Piar y a la justificación –a manera de sentencia máxima– por parte del narrador: "Fue declarado culpable de deserción, insurrección y traición, y condenado a la pena de muerte con pérdida de sus títulos militares" (230); el general tuvo la "generosidad" de revocarle la degradación, pero confirmó la sentencia de fusilamiento.

El relato nos muestra a un reo digno, quien "se despidiera con un beso al crucifijo y un adiós a la bandera" (231); pero, sobre todo, a un Bolívar fuerte que, pese al dolor de su corazón, no tenía más remedio que reforzar la defensa de la integridad de su ejército.

El episodio[78] cierra con referencias directas a la proclama que este

[78] Central en la lectura de Phaf y Röhrig-Assunção.

último redactara el día del fusilamiento del general pardo y, como siempre, con el reforzamiento, por parte del narrador, de lo correcta de la decisión del general: "Por el resto de la vida había de repetir que fue una exigencia política que salvó al país, persuadió a los rebeldes y evitó la guerra civil. En todo caso, fue el acto de poder más feroz de su vida, pero también el más oportuno, con lo cual consolidó de inmediato su autoridad, unificó el mando y despejó el camino de su gloria" (231).

Si bien efectivamente pudo haber sido un acto necesario, habría sido interesante evaluarlo con un poco de más detenimiento; preguntarse, por ejemplo, por qué no ocurrió lo mismo cuando otros generales se insubordinaron y si el hecho de ser un general de color hizo más fácil llevar a cabo la sentencia. El autor/narrador desaprovecha así la oportunidad de adentrarse con seriedad y profundidad en la "guerra de colores" que sin duda también se estaba llevando a cabo en esos años. Guerra en la cual Bolívar, por otro lado, no representaba de ninguna manera al sector "caribe" o de color como el mismo narrador insinúa en más de una oportunidad.

En la "novela" hay esfuerzos por mostrar al héroe en otro contexto, rozando lo que hasta ahora no ha sido dicho de él, pero siempre y cuando al final no se desmerezca a su figura. Por eso me resulta tan cuestionable la proposición generalizada de que finalmente estamos ante *otro Bolívar*. Si bien es cierto que resulta "innovador" mostrarnos la caída de un héroe, concentrarse en sus momentos más difíciles y sombríos, no por ello debe asumirse que se le está dando un giro radical a la historia que lo ha acompañado.

Pienso además que, en la mayoría de las lecturas críticas, ha hecho falta cierto manejo del corpus historiográfico específico del cual parte –y explicita– el propio García Márquez[79]. Creo que en esta omisión radica, en líneas generales, la idea de que la novela nos muestra a un Bolívar al margen de la visión tradicional. Más allá de la revisión específica de

[79] Miguel Ángel Muro se ha referido específicamente a este problema (256). Helena Woldt Basson, por su parte, elabora en qué medida la novela sigue muy de cerca una de las referencias bibliográficas que aparecen en las "Gratitudes", el *Bolívar día a día* de Fabio Puyo Vasco y Eugenio Gutiérrez Cely. María Cristina Pons ha reflexionado a propósito del "lector común" y su (des)conocimiento en relación a los hechos narrados (191-192 y 195).

dichas fuentes, pienso que una mayor familiarización con la vida del héroe y su culto harían evidente el recurso fácil de muchas de sus claves y articulaciones narrativas.

Otro aspecto que creo ha influido en estas lecturas tiene que ver con la plasticidad y recurrencia con que vemos expuesto el cuerpo enfermo del general, padeciendo las más terribles humillaciones físicas. Ello no puede menos que generar una "simpatía" frente al extremo sufrimiento del personaje y, en consecuencia, la sensación/certeza de que no estamos expuestos a un héroe común, sino a alguien que ha sido bajado de su tradicional pedestal marmoleo. Es lo que sostiene María Cristina Pons: "Esta desacralización de la imagen de Bolívar se complementa con lo que parece ser un proceso de desublimación del héroe a través de las referencias al aspecto cultural, no solo en lo que a las pasiones humanas [...] se refiere, sino también al decadente estado físico de Bolívar" (187).

R. A. Kerr ha destacado en qué medida, "Las propia palabras y pensamientos de Bolívar relacionadas con el malestar, la enfermedad y la muerte [...] establecen nexos específicos entre su propia desintegración física y la desintegración inminente de la unión política de los estados latinoamericanos" (271)[80].

Pese a todo esto, el general (el Libertador Simón Bolívar) es, por sobre todas las cosas, según la novela, un estratega y visionario excepcional: no solo hizo posible todo lo que era necesario en su momento –el Bolívar "realista" que trabaja en detalle Carrera Damas–, sino que supo predecir las consecuencias nefastas de la deuda externa latinoamericana, el futuro imperial de los Estados Unidos y las guerras civiles que desolarían la región; aún más: "De la generación de criollos ilustrados que sembraron la semilla de la independencia desde México hasta el Río de la Plata, él era el más convencido, el más tenaz, el más clarividente, y el que mejor conciliaba el ingenio de la política con la intuición de la guerra" (83-84).

Como si hasta entonces no hubiera sido suficiente, las últimas líneas de la novela nos ratifican la muerte de un personaje divino: "... los últimos fulgores de la vida que nunca más, por los siglos de los siglos, volvería a repetirse" (267). El culto a Bolívar, sin duda alguna, en una de sus más

80 Sobre lo cual hizo también referencia Conway (13-15 y 148).

altas (re)elaboraciones. No desde Venezuela, sino desde la escritura de un narrador colombiano, costeño, Premio Nobel de Literatura, quien pareciera no por azar haber afirmado sentirse, a veces, más venezolano que colombiano. Una representación *monumental* y *de anticuario* del héroe continental, donde una reflexión verdaderamente *crítica* no pareciera poder tener lugar.

Capítulo II

El Gran Dispensador de Manuel Trujillo: las debilidades del héroe nacional[81]

La década de los ochenta del siglo pasado (el XX) se caracterizó por el derrumbe económico del que fuera el país más próspero de América latina. Luego de veinte años de un cambio estable con respecto al dólar, la moneda nacional –el "bolívar"– sufrió su primera devaluación el 18 de febrero de 1983, como reacción directa ante la baja mundial en los precios del petróleo. El nivel de vida de los venezolanos comenzó a deteriorarse considerablemente: los "'ta barato, dame dos", que solían viajar a Miami, tuvieron que conformarse con pasar sus vacaciones en la Isla de Margarita, al oriente del país; el numeroso grupo de trabajadores extranjeros que había emigrado durante la década anterior, comenzó a irse a lugares más rentables; la violencia social y su consecuente represión por parte del Estado explotaron en un país que se había vanagloriado de su alto ejercicio democrático a partir de la caída de su último dictador, Marcos Pérez Jiménez, el 23 de enero de 1958.

En un marco como el anterior, no es de extrañar que en el ámbito intelectual y cultural se diera una discusión a propósito de los ideales que, hasta ese momento, habían determinado el rumbo del país. Como antecedente inmediato, debe destacarse el ya reseñado ensayo de Germán Carrera Damas, *El culto a Bolívar. Esbozo para un estudio de la historia de las ideas en Venezuela* (1969), el cual por primera vez intentó poner en perspectiva los "significados atribuidos y reales" del héroe nacional, además de desentrañar algunos de los mecanismos de construcción ideológica e histórica de este "héroe carismático". Los ensayos de Salas de Lecuna y de Castro Leiva fueron también escritos en los ochenta, aunque tuvieron muy poca difusión en ese momento.

Las historias de Venezuela son un excelente ejemplo del papel obsesivo que ha ocupado el Padre de la Patria en las lecturas del período.

---

[81] La primera parte de este capítulo apareció publicada, con ligeros cambios, en *Hispamérica* 64/65 (1993): 49-54. Le agradezco mucho a Saúl Sosnowski su autorización para incorporarla aquí.

Desde el *Resumen de la Historia de Venezuela desde el año de 1797 hasta el de 1830* (1841) de Rafael María Baralt y Ramón Díaz, pasando por la *Historia Constitucional de Venezuela* (1909) de José Gil Fortoul y la *Historia de la Primera República de Venezuela* (1939) de Caracciolo Parra-Pérez, hasta llegar a las más recientes, la *Historia económica y social de Venezuela* (1966) de Federico Brito Figueroa, la *Historia Fundamental de Venezuela* (1970) de José Luis Salcedo-Bastardo y la *Historia política de Venezuela* (1975) de Manuel Vicente Magallanes, todas colocan en un puesto de honor al Libertador Simón Bolívar, sin detenerse en mucho detalle en los demás colaboradores del período, y sólo las tres últimas se detienen a estudiar lo que estaba pasando en el país cuando éste se fue de campaña por el sur del continente (las anteriores se dedicaron a seguirle los pasos y ni siquiera se detienen a observar qué ocurrió en su ausencia).

En esa década de los ochenta, el campo de la ficción narrativa volvió la mirada a la siempre presente y añorada época de la emancipación. Se publicaron seis novelas que se desarrollan específicamente durante la independencia venezolana y, en apariencia, se atrevieron a personificar, desde una perspectiva menos ideal, a varias figuras claves alrededor de las cuales se sustenta el glorioso pasado nacional (no solamente a Bolívar). Lo interesante, sin embargo, es comprobar cómo dicha relectura no implicó, en la mayoría de los casos, una verdadera superación –tan siquiera cuestionamiento– de los modelos anteriores. En esa década quedó una deuda pendiente, que aún hoy continúa, al faltar la incorporación de otros sectores de la sociedad (los sectores populares, los esclavos, las mujeres), los cuales aunque no ejercieron un rol protagónico oficial, sin duda alguna posibilitaron el proceso y ayudarían a explicar muchos de los quiebres que se han ido produciendo en la sociedad venezolana desde la propia época de la independencia.

Se trata de tres novelas de Denzil Romero: dos dedicadas a Francisco de Miranda, *La tragedia del generalísimo* (1983) y *Grand Tour* (1987) y otra a Manuelita Sáenz, *La esposa del Doctor Thorne* (1988); Simón Rodríguez en *La isla de Robinson* (1987) de Arturo Úslar Pietri; *Manuel Piar, caudillo de dos colores* (1987) de Francisco Herrera Luque y, por último, la novela en que me detendré en detalle en este capítulo, que se enfoca en el propio

Bolívar y su relación con el general de color Piar, *El Gran Dispensador* (1983)[82] de Manuel Trujillo[83].

Cuando se aborda un tema histórico es inevitable evaluar el peso que el discurso historiográfico ha tenido en cada texto particular y la relectura que se intenta presentar, máxime cuando se trata de una época como la emancipadora que ha sido tan estudiada en el caso venezolano. El diálogo intertextual, a todos sus niveles, se erige como recurso que contribuye a entender, al menos en parte, la visión del mundo que subyace en los enunciados allí representados. *La isla de Robinson, Manuel Piar, caudillo de dos colores* y *El Gran Dispensador* son las tres novelas que más se ocupan de dialogar con los documentos históricos; sin embargo, los alcances son completamente distintos en cada uno de los casos.

Por su parte, las tres novelas de Denzil Romero están inscritas, desde el inicio de la lectura, en un juego imaginativo que se centra específicamente en las aventuras eróticas de sus protagonistas. Ello no le impide recurrir, en el caso de las novelas dedicadas al Generalísimo Francisco de Miranda, a un impresionante despliegue de referencias culturales que abarcan innumerables fuentes y momentos históricos. En los dos casos, la figura de Miranda sirve más bien de excusa para un ingenioso juego de referencias y exageraciones paródicas cuyos innegables momentos de lucidez contrastan con una acumulación de motivos no siempre justificables dentro del relato. En *La esposa del Doctor Thorne*, "biografía erótica" de la famosa amante de Bolívar, Manuelita Sáenz, la propuesta resulta un tanto maniquea: en una atmósfera que se proclama como explícitamente develadora de una eroticidad femenina, se terminan repitiendo los más acartonados prejuicios sobre dicha sexualidad (sobre todo en los encuentros íntimos que ocurren entre la protagonista y otras mujeres). Se recurre siempre al mismo mecanismo dentro del juego erótico, alterado únicamente por las máscaras o disfraces que visten los

[82] La novela fue publicada en Caracas por la Fundación Cadafe, filial de la compañía estatal de electricidad. Luego de una deficiente distribución, los ejemplares restantes fueron almacenados en un depósito que se incendió. No conozco ninguna otra edición. Esta es probablemente la razón de no haber podido encontrar ningún trabajo crítico sobre la novela, salvo en el caso de Phaf y Röhrig-Assunção.

[83] Para un balance general de la narrativa venezolana de los ochenta ver Navarro, Méndez Guédez y Barrera Linares.

personajes. Pese al tono abiertamente irreverente, y al acierto en muchas de sus descripciones, el proceso de carnavalización que se intenta plasmar no logra alcanzar una propuesta renovadora y verdaderamente efectiva.

Úslar Pietri nos presenta, en *La isla de Robinson*, a un Simón Rodríguez a punto de morir, quien recuerda su azarosa vida y, con ello, los grandes acontecimientos que conmovieron al mundo durante sus largos años de peregrinación por Europa y sur América. Mediante un sutil juego de voces narrativas, el narrador en tercera persona asume la perspectiva del personaje central. La narración se va complementando con la exposición del ideario utópico de la figura central, que se vale de la incorporación de citas textuales tomadas directamente de los manuscritos de Rodríguez y que se marcan en el texto, en cada caso, a través de comillas. La intención de la novela parece ser destacar al insigne maestro del "Libertador" por sus méritos propios, sustrayéndolo de la sombra de su famoso discípulo, en particular durante el proceso de consolidación de los nuevos Estados.

A todo lo largo de la empresa libertadora, hubo parajes inevitablemente oscuros, de difícil interpretación o justificación, que no por ello han dejado de abordarse. Me refiero, en particular, a las repercusiones del "Decreto de guerra a muerte", firmado por Bolívar el 15 de junio de 1813, que desató la persecución de los españoles y canarios, a quienes se les amenazaba con la muerte, "aún siendo indiferentes", si no apoyaban la causa libertadora; o las actuaciones del Bolívar dictador, en particular en sus dos últimos años de vida. No ha ocurrido lo mismo en el caso del general curazoleño del ejército libertador Manuel Carlos Piar, porque adentrarse en el asunto implica inevitablemente el cuestionamiento al propio Bolívar, quien estuvo detrás de su juicio y ejecución. Además, significa abrir la puerta a una de las mayores polémicas a propósito de la guerra de independencia venezolana: su carácter de contienda civil –no solamente internacional, en contra de la Corona española– y su consecuente caracterización como el escenario de una lucha de colores.

Muchos de los momentos y episodios cruciales de la época emancipadora estuvieron marcados por las tensiones raciales: los años del sanguinario caudillo realista José Tomás Boves y sus llaneros (1813-1814), quienes sembraron el terror entre la población blanca del centro y el oriente del país; el muy pocas veces mencionado médico y editor pardo

José Domingo Díaz, quien obligó a Simón Bolívar a fundar en Angostura, en el interior de la selva amazónica, el *Correo del Orinoco* (1818-1822), órgano republicano oficial creado específicamente para contrarrestar la violenta guerra verbal que, desde la capital, le tenía declarada Díaz en la *Gaceta de Caracas* (1808-1821)[84]; y el enjuiciamiento y posterior ejecución, el 16 de octubre de 1817, de uno de los jefes patriotas más brillantes, Manuel Carlos Piar. Hubo otros oficiales de alto rango que intentaron cuestionar la autoridad de Bolívar (muy en particular el general Santiago Mariño, uno de los principales responsables de la liberación del oriente del país, o el mismo José Antonio Páez, quien sería el primer presidente de Venezuela luego del quiebre de la Gran Colombia), pero solamente fue mandado a fusilar el general pardo Piar. En relación a este último, resulta muy interesante constatar que existe en el sur del país una tradición oral que, en este caso, confronta al general rebelde con el "Libertador", precisamente para cuestionar las verdaderas razones tras su fusilamiento (al respecto ver Salas, así como Phaf y Röhrig-Assunção).

En una entrevista al diario *El Nacional* de Caracas, a propósito de la publicación de su novela *El Gran Dispensador*[85], Manuel Trujillo expresó una opinión importante sobre la ficcionalización de los acontecimientos históricos: "La trasgresión de la historia a través de la ficción, cuando no contribuye a reforzar los parámetros históricos en sí y a darle su verdadera dimensión empírica vital, no es otra cosa que una pobre y mediocre imitación waltdinesca" (Dabhar 3).

En este empeño por cuestionar los parámetros históricos, en *El gran Dispensador* se evidencia un cuidadoso sondeo de las fuentes historiográficas concernientes, en su primera parte (de las tres que la componen en total), a la época de la Colonia, donde *La Historia de la Conquista y Población de la Provincia de Venezuela* (1723) de José de Oviedo

[84] La *Gazeta de Caracas* (que pasó a llamarse la *Gaceta de Caracas* el 1ro. de febrero de 1815) fue el primer periódico fundado en Venezuela. A partir de 1810 estuvo en manos realistas o patriotas según iban dándose los triunfos en cada bando: le sirvió como vocero a la Primera República hasta 1812; ese año y parte del 13 estuvo en manos realistas, luego volvió a tener una temporada patriota hasta que, al caer la Segunda República en 1814, José Domingo Díaz se ocupó de dirigirla hasta el triunfo republicano definitivo en 1821. En 1822 fue sustituida por el *Publicista Venezolano* como órgano oficial de la República.

[85] Al igual que *El general en su laberinto*, lleva el subtítulo de "novela".

y Baños pareciera ser su referencia bibliográfica más cercana. Se recogen muchos episodios de esa primera historia de Venezuela y se establece un contrapunteo muy interesante con la novela picaresca española y con lo real maravilloso americano, que confluyen en una representación de la violencia desatada durante la conquista y colonización españolas, a las que se unirá luego la propia guerra de independencia.

Las dos partes restantes de la novela se refieren, ya concretamente, a la guerra de independencia venezolana; muy en particular, al proceso judicial que le fue seguido a Piar, acusado de fomentar la guerra de colores –además de desconocer el mandato del Jefe Supremo–, y su posterior fusilamiento. Al darle directamente la palabra a Bolívar, además de a otras voces narrativas, al mismo tiempo que se reescriben sus propios escritos, se revitalizan tanto su pensamiento como sus acciones, no para colocarlo en las alturas inmortales de muchos de los textos historiográficos y ficcionales, sino muy por el contrario para desmitificarlo y encarar un novedoso proceso de desenmascaramiento de falsos prejuicios que comprende también una revisión y evaluación complejas tanto del personaje histórico como de su época.

Manuel Piar, caudillo de dos colores[86], de Francisco Herrera Luque, la novela que me faltaba comentar, se ocupa concretamente del general curazoleño, realizando un recorrido novelado de toda su vida. El autor se empeña en la tarea de aclarar los rumores sobre el misterioso nacimiento de Piar, por lo cual pretende probar su "origen caucásico" y, con ello, negar su condición de pardo. Manuel Carlos Piar sería el producto de uno de los amoríos que una joven mantuana –es decir, de la aristocracia criolla venezolana– sostuviera, al mismo tiempo, con un príncipe portugués y dos muchachos de su misma clase social en Caracas (estos últimos resultarían luego los padres de Simón Bolívar y José Félix Ribas, otro de los próceres). Lo que podría haberse convertido en una interesante indagación en la estructura y los prejuicios socio-raciales de la época, termina por convertirse "en una novela histórica a lo Walt Disney", donde se propone llegar a "la verdad" del origen racial de la figura histórica para deslastrarlo de su condición de color (actitud que se lleva a la exacerbación

[86] A propósito de esta novela, ver Phaf y Röhrig-Assunção y Chibán.

en el apéndice final, titulado "Fundamentos históricos de 'Manuel Piar, caudillo de dos colores'").

El Gran Dispensador, de Manuel Trujillo, no es ciertamente una novela narrativamente muy bien lograda: es un relato de alcance desigual, cuyo intento totalizador no siempre está bien logrado (en la primera parte, más allá de la conquista y colonización en la Provincia de Venezuela, se abarca también lo que ocurrió antes, desde el nacimiento de un niño –cuyo padre carpintero, borracho, se llama José– y las aventuras de un tal Miguel de Saavedra). Sin embargo, se destaca un interesante manejo de los registros de diversas voces narrativas, donde el lector se ve obligado en cada momento a emprender una labor de descodificación, pues sólo tangencialmente se le dan las señales de quién narra y a qué hechos se está refiriendo. Nunca encontramos una fecha concreta, y el salto de la Colonia a la Independencia solamente podemos deducirlo bien adentrados en la lectura. Asimismo, al comienzo de la segunda parte, encontramos indicios de un nuevo narrador, pero sólo verificamos que es Simón Bolívar a través de una carta que le escribe otro personaje, Pepita, que él mismo transcribe en su monólogo/conversación con quien asumirá la voz narrativa en la tercera parte.

Gracias a un fascinante despliegue polifónico e intertextual, lo más importante es percibir el delicado proceso desmitificador que se va llevando a cabo tanto de Bolívar como de los acontecimientos históricos. En esa medida, la novela conlleva una revisión de la historia y sugiere otra cara de la guerra de independencia y de su héroe máximo. Como hizo García Márquez en *El general en su laberinto*, Manuel Trujillo recurre a las fuentes historiográficas, pero esta vez para darle la vuelta a lo que tradicionalmente se ha evaluado en relación al desempeño del personaje histórico Bolívar en el poco trabajado episodio del juicio y posterior fusilamiento de Piar. El narrador colombiano dio por hecho en dos breves páginas de su novela, que son los que le dedica a todo el incidente, que "Piar convocaba a negros, mulatos y zambos, y a todos los desvalidos del país, contra la aristocracia blanca de Caracas encarnada por el general" (García Márquez 229).

La segunda parte de *El Gran Dispensador* tiene, como acabo de señalar, a Simón Bolívar como principal voz narrativa. Éste se va dirigiendo, durante todo ese apartado, a una segunda persona –su mayordomo, Antonio Losada–, mientras va recreando distintos acontecimientos de su vida, tanto pública como privada, que van develando una dimensión "no oficial" de hombre mal hablado, ambicioso, calculador y rencoroso que no había sido sugerida antes (y que la novela de García Márquez, como vimos en el capítulo anterior, solo reproducirá a propósito del vocabulario inapropiado del general). Sin embargo, el objetivo fundamental de este extenso monólogo en segunda persona es reflexionar sobre Piar e ir desentrañando las intrigas de ese "revoltoso pardo", según la perspectiva del personaje narrador principal. Tanto es así que, en las primeras líneas de esta parte, éste se pregunta dónde se encontrará Piar y quiénes lo estarían protegiendo, pues había escapado y no se sabía nada de él:

> Venga al balcón, Antonio Losada, y contemple la plaza y los restos del día. Venga y hable de los nombres de esa piedra, sea Santo Tomás, sea la Nueva Angostura, y dígame si alguna vez vio subir y bajar tanto por un mismo río a una misma ciudad [...] En algún rincón debe hallarse el revoltoso pardo. Lo han reconocido no un par, sino muchos ojos, y aconsejable es la iglesia para proteger su bellaquería (Trujillo 118).

Poco más adelante, Bolívar se burla de las supuestas aspiraciones del curazoleño y caricaturiza sus actuaciones: "Nuestro héroe de San Félix, el general Piar, pretendiendo asumir lo que su incapacidad le niega [...] Me lo tengo merecido. Piar fue uno de los primeros en requerir mi regreso [...] Inválidas pretensiones. ¡Jefe Supremo Piar!. [sic] Inagotable enfermedad, peste infernal" (120).

A esta incapacidad de Piar se había referido previamente el edecán irlandés Daniel Florencio O'Leary (1802-1854), al escribir unas extensas *Memorias*, en las que también compiló los documentos más importantes de su época y el archivo personal del "Libertador" (su hijo, Simón Bolívar O'Leary, se ocupó de publicarlas luego de su muerte en treinta y dos tomos). En ellas el primer O'Leary transcribió detalladamente el juicio al general pardo, el cual constituye una de las fuentes directas en las que se apoyó Trujillo al escribir su novela.

En *El Gran Dispensador*, el personaje Bolívar comparte los prejuicios raciales de su "comunidad imaginada" y apela a ellos, al menos en la intimidad de su habitación, para desacreditar a Piar: lo caracteriza como a "un Boves republicano" (120), haciéndose eco de los temores que se habían suscitado en la población blanca unos años antes por el acoso del jefe realista y que, junto a la violencia racial desatada en Haití a partir de 1789, constituyó uno de los temores más recurrentes que acompañó a ese sector de la población durante los años emancipadores. La voz narrativa introduce así la acusación de que Piar quería alzarse para establecer una República donde prevaleciera el mandato de la gente de color: "¿Qué pretende en favor de los pardos?. ¿La igualdad?. La tienen. ¿Respeto?. Lo disfrutan. Él mismo, ¿no es prueba de ello?. Vaya malasangre renegado de lo que bastarda piel trata de encubrir y ocultar" (120-121).

En los documentos originales de Bolívar, éste había equiparado previamente a las figuras de Piar y Boves, al responsabilizar al militar patriota de una matanza de blancos en la ciudad de Cumaná, al oriente del país, que se recogerá también en la novela: "Cumaná fue víctima de las pasiones de Piar. Su desdichada población pereció como la emigración de Caracas a Barcelona por obedecer a Piar que los forzó a encerrarse en aquella indefensa ciudad. ¡¡¡Víctimas desdichadas allí sepultadas!!!, decid, ¿quién os puso bajo la cuchilla de Boves?" (192-193).

Es evidente que el personaje ficcional Bolívar –el "Gran Dispensador" (referencia que, en la primera parte del relato parecía dirigirse al Dios cristiano de los colonizadores, pero en las dos siguientes tiene relación directa con el jefe patriota)– no está dispuesto a confrontar las tensiones raciales que prevalecían en su momento. Aunque desde el siglo XVII había existido batallones de pardos dentro del ejército, que gozaban de ciertos privilegios y fueros especiales –ese grupo había cumplido un papel importante el 19 de abril de 1810, al iniciarse el proceso emancipatorio–, ciertamente no habían sido integrados del todo dentro de la sociedad; de haber sido ése el caso, sus acciones no habrían generado tantos resquemores. Dentro de la novela, es evidente que se ve con buenos ojos la actuación del general pardo, quien es presentado como una víctima, tal como se había descrito a los indígenas en la primera parte (Phaf y Röhrig-Assunção 167).

A partir de esos primeros párrafos, queda abierto un interesante juego intertextual entre el Bolívar ficcionalizado y el Bolívar "real", pues se recrearán parajes tomados directamente de documentos historiográficos de la época, a los cuales Trujillo incorporará los ajustes que crea pertinentes para destacar los prejuicios raciales que el mismo personaje narrador compartía con su grupo social, así como su ambición desmedida por mantener el poder.

El primer texto que se recoge en la novela es del 5 de agosto de 1817, escrito por Bolívar desde el Cuartel General de Guayana, al sur del país, dirigido "A los pueblos de Venezuela", cuando Piar no había sido apresado aún. Éste fue luego editado desde Angostura, el 17 de octubre del mismo año, como su conocida proclama "A los soldados del Ejército Libertador con motivo del fusilamiento del General Piar".

Al comparar los dos documentos históricos y la escritura de la novela, puede observarse que no resulta arbitrario el tono agresivo del Bolívar ficcional. En el texto original, se explicita un tono de desprecio, cargado de prejuicios y rencores frente a ese hombre de color que además no había nacido en suelo patrio: "no os admiréis de esta monstruosidad de parte de un hombre cuya vida ha sido un tejido de conspiraciones, crímenes y violencias. Nacido en un país extraño, de una madre que tampoco es venezolana y de un padre canario, ningún sentimiento de amor ha podido recibir al nacer, menos aún en el curso de su educación" (Bolívar 190). El "Libertador" justifica los extravíos de Piar por su lugar de nacimiento y la crianza que recibió.

Los mismos alegatos de los que se vale el ente de ficción para desentrañar la ineficacia de la carrera militar de Piar, son los que desarrollara Bolívar en su primer documento: sus fracasos al defender Maturín, Barcelona, Güiria y Carúpano (todas ciudades del oriente del país). Ocurre igual con los actos de insubordinación y abuso de autoridad relatados por quienes declararon en su contra durante el proceso militar que se llevó a cabo en Angostura, en 1817. En esa misma proclama, Bolívar describe los cargos imputados:

> Calumniar al gobierno de pretender cambiar la forma republicana en la tiránica; proclamar los principios de la guerra de colores para destruir así la igualdad que desde el día glorioso de nuestra insurrección hasta este momento ha sido fundamental; convidar a la anarquía, el robo y el desorden, es en sustancia lo que ha hecho Piar desde que obtuvo la licencia de retirarse del ejército (Bolívar 195).

Cargos que el personaje de la ficción irá enunciando a medida que le presenta, a su mudo interlocutor, los hilos que fue propiciando él mismo para la caída y condena del general rebelde.

El mayor espacio en esta segunda parte está dedicado al propio juicio. Lo que resulta más interesante es descomponer los testimonios oficiales –recogidos inicialmente, con mucho detalle, en las *Memorias* de O'Leary–, para ir desenmascarando la actuación del propio Bolívar en la intriga a la que es sometida el acusado.

Todo el embrollo comienza, en el texto ficcional, con el encargo de capturar a Piar que Bolívar da al general Cedeño. Cuando se le informa que lo han ubicado y retenido, no repara en expresar su alegría, mostrando los verdaderos motivos de su persecución. El personaje Bolívar necesita controlar cualquier acto que pueda perjudicarlo y está dispuesto a llegar a cualquier extremo para lograrlo:

> dispuesto me hallo a erradicar tantas mugrosas revueltas. Estoy convencido, como en cada una de mis mudables quimeras, de conseguirlo. Derrotas, éxodos, ostracismo, atentados, insultos, despojos, abandonos, humillaciones, ausencias, traiciones, incluso errores y desaciertos, no han logrado desviarme un ápice de mis propósitos. ¿Va un generalucho como Piar a obtenerlo y disfrutarlo? ¡Vamos! Casi le agradezco la rebeldía (Trujillo 138).

Tal como señala J. J. Arocha, en *Manuel Piar: el héroe y el genio* (1996), uno de los pocos registros historiográficos que trata de asumir una opinión mesurada con respecto a las actuaciones de Bolívar y el general pardo en todo ese engorroso proceso, expresa que este último debió estar pasando una "honda depresión moral" (98) cuando pidió la baja del ejército y el pasaporte que le fue concedido en esa primera oportunidad. Piar había sido remplazado en la Jefatura del Ejército por su enemigo el general Bermúdez, de allí su resentimiento y rebeldía. A este episodio se refiere también la novela: "Fingió retirarse, un pasaporte, se marchaba, descanso, cambio de aire y temperatura…" (Trujillo 120), aunque en este caso el personaje narrador lo acuse de estar llevando a cabo un frío cálculo que lo conduciría a una encrucijada inevitable.

Se van reproduciendo de esta manera los contrapunteos entre los documentos históricos y la ficción narrativa. En la intimidad de la conversación con su mayordomo, quedan develadas las artimañas de Bolívar para tenderle una trampa al general Piar y quitarlo del medio, pues evidentemente lo veía como una amenaza en la consolidación de su poder (no necesariamente de la independencia del país). La voz narrativa le comenta a Losada cómo, él mismo, previó que el pardo "correría en busca del general Mariño" luego del incidente con Bermúdez (Trujillo 132) y las progresivas negativas de otros oficiales, además de los generales Arismendi, Soublette y Páez, de apoyarlo en sus planes de sublevación: "He allí lo imperativo en la caza del faccioso. Construido está el cerco y si no clava la ponzoña es porque supone en su estupidez alguna milagrosa brecha" (137). Cerco que el Bolívar narrador construye cuidadosamente al sugerirle tomar el mando en las campañas de Los Castillos, a sabiendas del rechazo de Piar, dirigiéndolo entonces a Misiones, donde irremediablemente disputaría con el padre Blanco.

Se introduce en el relato, a propósito de estos incidentes, una carta del general Nicolás Briceño a Bolívar, cuya autenticidad no he podido verificar, y una posterior misiva de Cedeño que sí aparece, entre muchas otras cartas, en las *Memorias* de O'Leary. Es importante destacar que Manuel Trujillo escogió esta carta de Cedeño en este punto de la narración, y no otras como las de Sánchez o Bermúdez, a las que sí recurrirá indirectamente en la tercera parte de la novela.

Volviendo a la misiva de Briceño, se explicita en ella una dimensión de la guerra de independencia marcada por la violencia y los extremos que muy seguramente tuvieron lugar, que se conecta con el tema general de la novela: la violencia intrínseca a lo largo de toda la historia venezolana (y americana). La voz narrativa le cuenta regocijado a su mudo testigo –su mayordomo– cómo Briceño (a quien califica como "nuestro malandante 'diablo'" [Trujillo 155]), le había descrito sus artimañas para descubrir quiénes eras españoles y, así, poder ejecutarlos tal como había establecido el "Decreto de Guerra a Muerte" que mencioné más arriba: Briceño les hacía pronunciar a sus prisioneros, primero, la palabra "naranja", y luego "corazón", pues "la zeta no logran matizarla aunque sus malditas madres los parieran de nuevo"(157).

En la extensa misiva de Cedeño, transcrita en la novela, tal vez lo más importante sean las acotaciones a la carta de Piar a Mariño, así como la manera en que se van conjugando los distintos factores para el posterior enjuiciamiento y condena al caudillo oriental.

Esta segunda parte termina con el anuncio del triunfo de los intereses y artimañas de su principal narrador, Bolívar:

> En verdad, el resentimiento de Piar no se apacigua, al contrario, acreciéntase [...] En conclusión, amigo mío: el general Piar rumiará la impotencia en una celda en espera del proceso. Carmona, por su parte, puede ir disfrutando su ascenso a coronel de caballería. Descorchemos no una sino varias botellas. Se lo había dicho: cabezas y botellas suelen compartir su transparencia (174).

Para terminar, la tercera parte (más corta que las dos anteriores) se ocupa de los últimos días del proceso y el consecuente fusilamiento de Piar. El tono de la narración cambia completamente: frente al discurso frenético, ambicioso y mal hablado del Gran Dispensador, se asume aquí una voz mesurada, que intenta cierto distanciamiento al relatar los hechos (aunque por momentos veamos traicionada esta intención por la fuerza de las acciones narradas). Bolívar le había encargado a su mayordomo Antonio Losada que le contara, con lujo de detalles, el día a día del juicio, pues él no podía participar directamente (sólo lo hizo al final, cuando ordenó el ejecútese de la sentencia).

Quien estaba encargado de instruir el proceso militar, como juez fiscal, fue el general Soublette. Fueron compareciendo uno a uno los diversos testigos: nueve en total. Entre ellos, los más destacados habían sido Juan Francisco Sánchez, Pedro Hernández, Juan Manuel Olivares, Ramón Machado, el capitán de navío Antonio Díaz y, por último, el propio acusado. Paralelamente al juicio, en cada sección se van intercalando en la novela asuntos aparentemente al margen, pero que en verdad contribuyen a complementar la situación general que determina todo juicio militar. Losada conversa con Bolívar, por ejemplo, sobre los problemas que este último enfrentaba debido a las "tergiversaciones" de la prensa internacional, con lo cual se plantea la necesidad de crear un órgano oficial de divulgación de las noticias del bando patriota: "¿qué le parece algo así como 'El Correo del Orinoco'?" (Trujillo 205); o las irregularidades cometidas por Bermúdez, encargado de sustituir a Piar.

Cada uno de los testigos hizo referencia a actos negativos por parte del general pardo. El fallo final no tomó en cuenta el desentramado de los intereses particulares de cada uno de los testigos, todo lo cual es develado magistralmente por el fiscal defensor, el coronel Galindo[87], dentro de una narración muy rápida y de incuestionable efectividad:

> ¿no estuvo Ud., coronel Sánchez, militando en las tropas del general Piar? Los ojos del testigo tropiezan la mirada de Piar mientras replica afirmativamente. Galindo le recuerda su expulsión del ejército de Piar. A Sánchez no le agrada el término, sólo se trató de una discrepancia de orden táctico, obligándole ello a separarse de esas tropas. Galindo evoca el episodio: Ud. pretendía el abandono de la campaña de Guayana y el regreso a oriente [...] de no haber procedido el general Piar como lo hizo, quizás no estaríamos aquí ni Ud., ni yo, ni ninguno de los presentes, y la Guayana no sería de los patriotas (181).

Cuando le toca el turno al reo, éste rechaza los cargos –"acusado de los crímenes de insubordinación a la autoridad suprema, de conspirar contra el orden y la tranquilidad pública, y últimamente de desertor" (O'Leary 351)–, aunque reconoce haberse expresado inapropiadamente en algunas oportunidades: "yo rechazo esos cargos, mi vida íntegra la he consagrado a la defensa de la patria, mi hoja militar es prueba de ello y todo el resto es producto de la más negra intriga. No niego mis quejas, pero ellas se originaron en el natural desahogo de un hombre altamente lastimado" (Trujillo 219).

Pese a la brillante defensa de Galindo, el Consejo de Guerra condenó a Piar unánimemente, apoyándose en el testimonio de "testigos respetables e irrecusables, entre los cuales hubo generales, jefes, soldados y paisanos" (O'Leary 195). La imparcialidad del proceso legal fue defendida no solamente por O'Leary, sino por casi todos los historiadores posteriores.

Mucho se ha especulado, dentro del discurso historiográfico, sobre la cobardía u honorabilidad con que Piar recibió la noticia de su inminente fusilamiento: en la novela, el acusado tiene un momento de debilidad que le fue reprendido prontamente, y que él mismo reconoce ser producto solo de lo inesperado de la sentencia pues nunca había imaginado, hasta ese preciso momento, que su castigo sería tan severo.

[87] Esta misma apreciación puede observarse en la *Crónica razonada de las guerras de Bolívar* (Lecuna).

El último párrafo de la narración novelística conjuga ese doble nivel de realidad y ficción con que se jugara a lo largo de todo el texto (como en toda la última parte, desde la voz del mayordomo del Gran Dispensador, Antonio Losada). Allí, se entrecorta la proclama del 17 de octubre de 1817, redactada por Simón Bolívar, con retazos del propio fusilamiento:

> S.E. [Bolívar] pasándose de un lado al otro, me ordena tomar papel y pluma y comienza a dictarme una proclama al ejército: "Soldados: ayer ha sido un día de dolor para mi corazón... el general Piar fue ejecutado por sus crímenes de lesa patria, conspiración y deserción... (se escuchan órdenes de cornetas)... un tribunal justo y legal... ha pronunciado la condena contra aquel desgraciado ciudadano... (golpes de tambores anuncian la presencia del reo, y S. E. da unos pasos hacia el balcón, vacila, retrocede, vuelve al dictado)...desgraciado ciudadano que, embriagado con los favores de la fortuna y por saciar su ambición... pretendió sepultar su patria entre ruinas... (decrece el murmullo, casi se oye el viento, casi el rumor del río, pronto sonará la descarga)... y el general Piar, a la verdad, había hecho servicios importantes a la República... (226).

En la novela, en la intimidad de su recinto, el personaje Bolívar se había descrito a sí mismo como un hombre superior a todos los demás por sus atributos militares e intelectuales y, sobre todo, por la carga de astucia que fue capaz de desarrollar para llevar, tanto a los sujetos como los acontecimientos, a donde él deseaba.

El Gran Dispensador se nos muestra como un ser despiadado, quien se regocija al recordar los más terribles episodios ocurridos durante la guerra. Los actos de violencia más extrema son justificados por él en razón del contexto en que ocurren. De esta manera, hemos visto por fin a ese *otro Bolívar* que había prometido García Márquez: un "Libertador" que no esperamos, inmerso en la dinámica de una guerra total que puede dirigir en la medida en que responda adecuadamente a la dinámica de fuerzas que ésta genera.

Capítulo III

"La silicona del libertador" y *Bolívar soy yo*: representaciones *críticas* del culto bolivariano

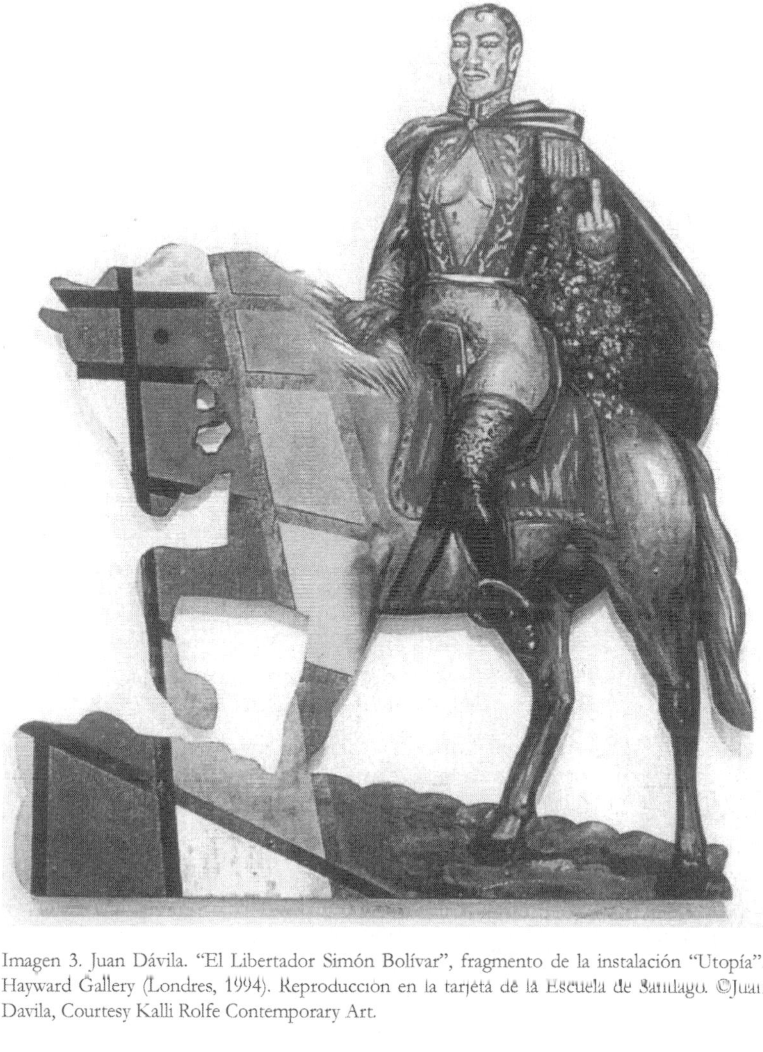

Imagen 3. Juan Dávila. "El Libertador Simón Bolívar", fragmento de la instalación "Utopía". Hayward Gallery (Londres, 1994). Reproducción en la tarjeta de la Escuela de Santiago. ©Juan Davila, Courtesy Kalli Rolfe Contemporary Art.

En este último capítulo arribamos por fin a dos propuestas que nos presentan una lectura *monumental*, *de anticuario* y *crítica* –las tres al mismo tiempo– del culto a Bolívar en América latina, tal como proponía Nietzsche que leyéramos/entendiéramos los hechos y representaciones históricos.

En el caso de *El general en su laberinto* (1989) de Gabriel García Márquez, aunque se nos prometió a un héroe caribe más "humano", alejado de la visión historiográfica tradicional, vimos que ésos no fueron los alcances finales a los que llegamos una vez develadas las "trampas" de la narración. Por su parte, *El Gran Dispensador* (1983) de Manuel Trujillo, a pesar de haber desenmascarado las intenciones escondidas del "Libertador" al promover tras bastidores el proceso y fusilamiento del general pardo Manuel Carlos Piar, e introducir el poca veces estudiado carácter civil y racial de la contienda independentista, constituye una novela no del todo lograda (cuyo afán totalizador en términos temporales, geográficos y de la anécdota atenta estructuralmente con la concreción efectiva de su desarrollo general).

Me concentraré en esta última parte en dos registros diferentes al novelístico: una pintura y una película. A través de la fuerza de las imágenes visuales, se nos interpela para cuestionar sobre la validez de una de las más fuertes concepciones desarrolladas en el territorio americano a propósito de uno de sus más grandes héroes. Tanto la postal "El Libertador Simón Bolívar" (1994), del reconocido artista plástico chileno Juan Domingo Dávila (con la cual abrí este capítulo), como la película colombiana *Bolívar soy yo* (2002), de Jorge Alí Triana, nos presentan una reflexión profunda sobre los supuestos fundacionales de la nacionalidad latinoamericana. Si con el film nos transportamos a la cotidianidad colombiana y a las alianzas establecidas desde allí con el resto de los países cuyo ideario fundacional se desprende directamente de las acciones militares y legislativas del "Libertador", con la postal del chileno Dávila nos ubicamos más allá de esas fronteras.

Paralelamente observamos, en ambas imágenes, al Bolívar de las grandes representaciones de la nacionalidad heroica latinoamericana: una estatua ecuestre con el héroe patrio en postura de galope o sus representaciones en los actos multitudinarios durante las conmemoraciones de las fechas patrias, como trabajaré en la película. En ambas instancias, el "Libertador" lleva su traje militar, monta su famoso caballo y se impone –irreverente– ante un público que inevitablemente debe cuestionar los alcances de dicha representación.

A) "La silicona del libertador"

En 1994, el gobierno chileno tuvo que enfrentar una inesperada controversia diplomática con Venezuela, Colombia, Ecuador y Bolivia, los países autoproclamados bolivarianos (solo faltó el Perú). Una postal del reconocido artista chileno Juan Domingo Dávila, residenciado en Australia, desató los más airados reclamos por parte de esos gobiernos, cuando fue distribuida. En ella se reproducía un detalle de su lienzo de gran formato titulado "Utopía", exhibido posteriormente en la Haywar Gallery de Londres. En la postal se veía a un Simón Bolívar *travesti*, sexualmente muy voluptuoso, con rasgos mestizos y haciendo una seña "vulgar" con su mano izquierda. El reclamo oficial tenía lugar porque, tanto la exposición como las postales, habían sido financiadas con dinero de la escuela de Santiago, gracias al apoyo del Ministerio de Educación chileno.

El impasse diplomático y la postal en sí me permitirán introducir los temas raciales y de género sexuado que poco han aparecido en relación a la figura histórica, junto al cuestionamiento directo de toda la iconografía heroica.

La postal nos muestra a un indiscutible Simón Bolívar montado en su caballo reproduciendo, alegórica y –creo– explícitamente, la famosa estatua ecuestre ubicada en el centro de la Plaza Bolívar de Caracas, reproducida en muchos otros lugares del mundo. La parte delantera del caballo está coloreada con rectángulos amarillos y rojos, en diversas tonalidades, mientras que la mitad posterior es azul, al igual que la cola. Dávila está evidentemente jugando, en el animal, con los colores de la bandera venezolana, colombiana y ecuatoriana (pues las tres están compuestas de tres franjas: la primera amarilla, la segunda azul y la tercera roja)[88]. Ya no tenemos a Bolívar montado en su famoso caballo blanco, sino sobre los colores representados en el símbolo del gentilicio bolivariano. El caballo mantiene su extremidad derecha delantera en el aire y su cabellera puede notarse bajo una de las manos del jinete. Vemos también un punto negro que funge de ojo y su rostro con una ligera inclinación hacia abajo, listo para tomar impulso, aunque sin el ímpetu que puede notarse en la escultura que le sirve de modelo, donde se aprecia la cabeza de la bestia erigida hacia arriba y con las dos patas delanteras en el aire.

Con respecto a la figura humana, la postal muestra su mano izquierda doblada hacia delante cerrada en un puño, pero con su dedo índice separado de los demás y señalando desafiante hacia arriba. La imagen de "El Libertador Simón Bolívar" ya no tiene el brazo derecho ondeando al aire, como en la estatua ecuestre, sino que está mandándonos literalmente "al carajo" a todos los que lo vemos, así como a lo que se pueda haber dicho o decirse sobre él.

El rostro tampoco es esa fina estampa caucásica a la que solemos estar acostumbrados al ver una estatua/pintura de Bolívar: con el cabello corto hacia atrás, tiene un pequeño mechón de pelo rebelde que le cae en la frente, además de otra parte más hacia adelante. Sus rastros son evidentemente mestizos y, aunque su piel parece clara, su nariz y labios denotan mezcla de sangre india, ¿o tal vez negra?, y parecen pintados con labial rojo. Coronan los ojos unas arqueadas y pobladas cejas, además de observarse un pendiente que cuelga de la oreja.

Como si el gesto desafiante de su mano izquierda no fuera suficiente, el traje del héroe nacional está abierto por delante, dejándonos ver unos enormes y sensuales senos de mujer; no le cubre nada de la cintura para abajo. En la parte del muslo se aprecia la bota alta de cuero que calza el pie izquierdo, coronada por una media calada negra que sobresale de ésta. El resto de la chaqueta abierta lleva las acostumbradas charreteras doradas y su inseparable capa, tan ondeante como la de la escultura original, pero con una tela floreada como forro interior. El jinete está sentado sobre un

[88] Durán-Cogan solamente menciona el amarillo y el rojo "de la bandera nacional española" (100).

paño rojo (que resulta mucho más imponente y de mayor tamaño en la escultura). La base donde se apoyan ambas figuras reproduce el mismo diseño que mencioné de la parte delantera del caballo, pero con figuras geométricas más grandes.

Resulta interesante constatar, al revisar los recortes de prensa de la época sobre la polémica[89], cómo el énfasis en las discusiones y reclamos no fue el mismo en todas partes. En Venezuela, el problema estuvo focalizado en el insulto a la hombría del héroe; mientras que en Chile, los artículos de periódico hicieron alusión, especialmente, a los rasgos mestizos de la imagen pictórica de Dávila (Durán-Cogan 1977 90, también 2001).

La ausencia de la "hombría" clásica representada en esas esculturas heroicas junto a sus explícitas referencias a lo *travesti*, homosexual y femenino, unidos a los problemas raciales allí representados, no podían sino desatar la indignación tanto de los gobiernos involucrados como de muchas otras figuras públicas. En el Chile de la transición democrática, luego de la caída de Pinochet, se había financiado una obra artística que no respetaba los acuerdos de una sociedad patriarcal y aún militarizada en muchos sentidos[90].

Asimismo la postal ponía en el tapete, para el resto de los países bolivarianos, los tabúes de "otras" sexualidades hasta entonces obviadas en relación a la figura heroica y que, por consiguiente, también habían estado ocultas en la simbología, representaciones e historias del período. De existir –relacionadas o no con el Padre de la Patria–, debían mantenerse en el "closet", nunca asociadas al héroe nacional por excelencia. Francine Masiello ha destacado cómo, más allá de las primeras lecturas que se hicieron de la pintura de Dávila, ésta "anuncia el patriotismo como una fabricación comercial, encerrada en la venta, intercambio y embalaje de poses, gestos, estilos y vestidos" (55). La centralidad criolla –por ende blanca, heterosexual y masculina–, de la simbología heroica, Dávila la quiebra al incorporar "lo *indígena*, lo *femenino* y lo *popular*", mostrando "los

[89] Para una excelente recopilación de estos recortes en toda la región ver Durán Cogan. Asimismo, ver la *Revista de Crítica Cultural* 9 (1994), donde en noviembre de ese mismo año apareció un "Dossier de prensa". Dávila fungía en ese momento como miembro del Consejo Editorial de la revista.

[90] Ver Richard 1998.

rasgos de subidentidad tan largamente censurados por el academicismo de la historia del arte universal en complicidad de intereses con la ideología blanqueadora del latinoamericanismo oficial" (Richard 187)[91].

Quisiera terminar con las reflexiones que realizó el también chileno Pedro Lemebel en su libro *Loco afán. Crónicas de sidario* (1997), a propósito de la polémica que envolvió la postal.

Con su acostumbrado sarcasmo e inteligencia, Lemebel escribió un texto, de apenas dos páginas, titulado "Juan Dávila (La silicona del libertador)" que termina con estas contundentes palabras:

> Quién puede impedir que la loca [Dávila] imagine estos bacanales patrios, acercándonos al cuerpo real y sexuado de la historia. Invitando a esas estatuas frías y solas de los héroes a calentar el cuerpo con un meneo. *Para qué deprimirse con la difícil unidad latinoamericana y el triunfo del capitalismo; si aún nos queda humor, desacato y cuerda para carretear este fin de siglo* [...] Así, el imaginario libertino de la loca redobla la libertad al liberar la libido de los héroes [...] La censura que opera con esta obra, es más bien autocensura, de quien se sorprende pillado en su secreta cochinada burguesa. Porque en última instancia, lo representado es sólo un imaginario como travesía sexual por la historia. Y en su retrospectiva pagana, quita los tules del pasado y reaviva por un instante la fiebre del cambio (136, énfasis mío).

He aquí otra lectura de "El Libertador Simón Bolívar", que nos lleva aún más allá de los temas que he venido apuntando y que han sido tan extensamente trabajados por la crítica. ¿Qué tal si, por un instante al menos, nos olvidáramos de todo lo que se nos ha enseñado sobre nuestro pasado e intentáramos abrirnos a un presente y futuro distintos?

B) *Bolívar soy yo*

En franca oposición a la propuesta sacralizadora que Gabriel García Márquez erige en *El general en su laberinto*, me interesa ahondar en otra instancia, también colombiana, en la que sí se lleva a cabo un cuestionamiento no solo de la figura del Libertador Simón Bolívar sino, sobre todo, de su culto. *Bolívar soy yo* (2002), de Jorge Alí Triana, muestra

[91] Ver también Franco, Masiello, Molloy y Conway.

los alcances delirantes de la veneración al "Libertador" en la actualidad de los países bolivarianos, a la vez que insiste en la mente enferma del héroe, trastocado esta vez en galán de telenovela.

Las primeras escenas son, sin duda alguna, de las más interesantes y mejor logradas en toda la película. Me refiero específicamente a los primeros veintidós minutos. En ellos se anuncian los aspectos más relevantes con los que nos enfrentaremos a lo largo del film. Primero que nada nos percatamos del juego entre la telenovela que se está filmando y la película que estamos viendo, junto a las complicaciones que ocurren en el *set* de grabación: se están filmando los últimos capítulos de un exitoso dramático sobre los amores de Bolívar y Manuelita, en la quinta de San Pedro Alejandrino, donde éste murió. Paralelamente, observamos la tormentosa relación entre Santiago y Alejandra, los dos actores que representan a la famosa pareja de amantes, quienes no solo protagonizan ese dramático y sostienen una relación amorosa entre ellos en la vida real, sino que en la "realidad" son dos de los actores de telenovelas más conocidos y con mayor éxito en Colombia: Robinson Díaz y Amparo Grisales.

El actor que representa a Bolívar, Santiago Miranda[92], está enfermo, sufre de alucinaciones y no siempre sabe distinguir cuándo está actuando y cuándo no: viste todo el tiempo con el traje del general Bolívar, habla usando sus palabras, firma igual que él, y es reconocido como tal incluso fuera del *set* de grabación. Solamente lo vemos vestido sin el traje militar en una playa, a donde escapa con Amparo/Manuelita para descansar y pensar si continuará o no en la telenovela.

Sin embargo, la película no es solo un entramado juego entre realidad y ficción –entre la telenovela que se está filmando y la película que estamos viendo–; también es una reflexión sobre la escritura de la Historia y sus relaciones con la "verdad". Es una denuncia ante los usos y abusos de los medios de comunicación[93] y una reflexión sobre el impacto de las telenovelas en la cotidianidad colombiana. Muestra el peso del culto a Bolívar en toda la sociedad (destacando, en particular, su

[92] Interesante las posibles implicaciones de este nombre: Santiago, la ciudad donde nació Bolívar (Santiago de León de Caracas) y Miranda, el precursor de la Independencia en Venezuela.

[93] Ver Kantaris.

idea de unificación continental por sobre todas las demás) y es, también, una discusión sobre quién es el verdadero héroe de la independencia neogranadina: Simón Bolívar o Francisco de Paula Santander.

En desacuerdo con el nuevo final que pretenden darle a la vida de Bolívar en la telenovela: en vez de morir en su cama, muy enfermo, el libreto exige que termine su vida fusilado, frente a un pelotón, el actor se rebela pues no puede aceptar que la historia sea alterada de esta manera. Decide entonces escapar de allí, invirtiendo el camino que había recorrido el Libertador "real": en vez de emprender su último viaje desde Bogotá hacia la costa para morir –como vimos hace el general en la novela garciamarqueana–, este Bolívar parte desde Santa Marta, en el atlántico colombiano, hacia la capital en un intento por re-escribir su historia/su guión. Santiago había gritado "¡Corten, corten!", cuando estaba a punto de terminar la primera escena, luego de declamar las últimas palabras que pronunciara Bolívar en su lecho de muerte, y es en ese momento que los espectadores comprendemos que la película comenzaba con la filmación de un seriado para la televisión.

El problema que enfrentan el director y los productores de la telenovela es que el actor Santiago Miranda, quien interpreta a Bolívar, se niega a seguir el libreto. En el dramático, se prefería ejecutarlo porque morir frente a un pelotón de fusilamiento resultaba más "heroico" que en la cama, enfermo, escuchamos que alega más tarde el psiquiatra encargado de controlar al actor. Santiago, furibundo y agotado, decide irse a Bogotá sin cambiarse de ropa, dispuesto a terminar con esa farsa. Recurre a su propia fama como actor del seriado y a la fama del personaje que ahora interpreta, para conseguir un cupo en un avión cuando ya no había asientos libres, gracias a que el piloto lo reconoce y era evidentemente un seguidor de la telenovela.

La llegada a Bogotá es aún más reveladora: no solo sus compañeros del *set* de grabación y las personas comunes y corrientes le siguen el juego y pretenden estar conversando con Bolívar, sino que en el taxi camino a su casa, Santiago recibe una llamada por celular del propio Ministro de Defensa. Este último, con el Presidente de Colombia a su lado, se dirige a él llamándolo "Libertador" y le explica que lo ha estado buscando porque lo necesitan para un desfile en su honor; acota: "No pensarás fallarle al país. Mañana será tu gran día, Libertador". Santiago acepta la cita mientras observa por la ventana del auto una ciudad que reproduce *su nombre* por doquier: Hospital Simón Bolívar, Seguros Simón Bolívar, buses bolivarianos…

Los guiños del libreto son extraordinarios y muy frecuentes en estos primeros minutos, como a lo largo de toda la cinta, además de apelar a distintos tipos de espectadores (más o menos informados en relación a la propia historia bolivariana). Cuando el Ministro de Defensa está hablando con Santiago, y lo llama "Libertador" por primera vez, en ese preciso momento la cámara nos muestra en primer plano un inmenso retrato de Santander colgado en la pared, a espaldas del presidente y su ministro. A su lado se encuentra también un lienzo con la figura de Bolívar, pero la cámara sólo nos lo muestra después de que hemos visto la del prócer neogranadino y, además, muy de pasada, enfocando borrosamente no su imagen sino la pequeña placa inscrita en la parte más baja del cuadro. ¿Cuál es, entonces –pareciera preguntársenos–, el "Libertador": Santander o Bolívar?

Así las cosas, incluso los más altos funcionarios del gobierno requieren de Santiago para dar la ilusión, para "jugar", con la idea de que Bolívar acompaña aún a los colombianos. No sólo la telenovela decide construir una nueva historia del héroe, más adecuada a las normas del melodrama, sino que la política es también un espectáculo que necesita del personaje, vestido de Bolívar (como lo hiciera Hugo Chávez en la escena que analicé en el último capítulo de la primera parte de este trabajo), para lograr la atención del público, para que el gobierno de turno mantenga un buen nivel de popularidad (o sintonía). Todo pareciera reducido a un espectáculo: la película, la telenovela, la historia de Bolívar, la vida de los pobladores, la política.

Poco después el personaje/el actor llega a su casa. No solo su madre lo espera, comunicándole que estaba muy preocupada porque "Manuelita" la había llamado para contarle que había dejado la grabación, sino que los vecinos se le acercan para pedirle favores (como si este actor, por el mero hecho de representar el papel de Bolívar, con tanto éxito, pudiera resolverles sus problemas). Unos niños quieren su autógrafo y uno de ellos le pregunta: "¿Es verdad que usted es el Padre de la Patria?". Todavía a estas alturas pareciera que Santiago puede discernir entre la realidad y la ficción, pues le contesta: "En la telenovela, sí... y qué, ¿les gusta?". A partir de allí nunca más sabremos, con absoluta certeza, si Santiago está jugando con ese rol o si ha enloquecido completamente dentro de él. Se nos plantea, sin dar una respuesta, uno de los conflictos más complicados de la historia colombiana: el papel que esas dos grandes figuras –Bolívar y Santander– han ocupado dentro de dicha historia.

Presenciamos luego el anunciado desfile en la Plaza Bolívar de Bogotá. Allí, al final de su representación, Santiago/Bolívar vuelve a escaparse, ante el asombro de todos, esta vez montado en su también famoso caballo blanco. El médico y sus asistentes están a punto de capturarlo, pero él escapa airoso en su caballo desde la plaza camino a quién sabe dónde.

Unos días después, Santiago vuelve a representar al "Libertador" en un acto oficial en que se han reunido todos los mandatarios de los países bolivarianos para conmemorar su muerte (de vuelta en la costa, en la famosa quinta de San Pedro Alejandrino, donde efectivamente murió). Santiago decide allí, siguiendo un impulso, secuestrar al propio Presidente de Colombia y escapar con él en demanda de ciertas prebendas que le permitan culminar *su* sueño de unión continental (sin contar con que en un barco muy particular con el que en esta segunda vez vuelve a Bogotá, es capturado por un grupo guerrillero y las cosas se van complicando cada vez más, muy a la manera de cualquier telenovela o melodrama).

Ante un hecho noticioso de tal magnitud: el secuestro del primer mandatario por un actor demente, los noticieros de toda América latina comienzan a reproducir ininterrumpidamente los avances correspondientes en la televisión. Los medios caracterizan a Santiago de las peores maneras, sin nunca cuestionar qué pudo llevarlo a ese estado y, mucho menos, el uso que las autoridades habían hecho de él. Manuelita, su amante, la persona que más influencia ejerce sobre el personaje de la telenovela y de la película, es llamada a mediar en la situación. Ella también jugará su doble papel, de heroína y actriz, para tratar de convencerlo que ceda a su locura, no sin ver con envidia el éxito alcanzado por él y las muchas maneras en que está atentando contra su propia carrera como actriz.

La última escena de la película es absolutamente desoladora. Todos los personajes de esta historia aparecen muertos, atrapados en la Casa de Bolívar en Bogotá, a donde se habían dirigido por pedido del actor, víctimas de un operativo militar destinado a rescatar al Presidente de las fuerzas subversivas y del propio *Bolívar*. Vemos a todos los personajes, tanto del seriado como de la película, muertos: Bolívar, Manuelita, el Presidente de la República, los guerrilleros, el guardián de la Casa de Bolívar (con quien Miranda había conversado, a propósito de la telenovela y de la historia, en otra de las escenas más interesantes del film), el pueblo…

En los minutos finales, y a través de los aterrados ojos de Santiago/Bolívar, vemos escenas previamente registradas por los medios de comunicación de los más sangrientos y violentos episodios de la historia "real" más reciente de Colombia. La violencia se ha impuesto una vez más en la pantalla y en la "realidad" colombianas y su resultado es la muerte. Presenciamos imágenes de los peores actos de violencia que han sufrido los colombianos en momentos claves del siglo XX: muy en particular, la toma del Palacio de Justicia el 6 de noviembre de 1985.

Santiago/Bolívar declama sus últimas palabras, ya a punto de morir: "Adiós Colombia, adiós Libertad, tan preciosas ambas, ¿cómo perderlas sin llorar lágrimas de sangre? Corten, corten, corten". Aparece en la pantalla la claqueta que indica el final de la grabación de la película, ¿o será más bien el fin de la grabación de la telenovela? Escuchamos las mismas palabras con que se había detenido la telenovela en los primeros minutos de la película, cuando los productores habían pretendido fusilarlo, al inicio de la cinta: corten, corten…

A la manera del distanciamiento brechtiano, es evidente que la intensión, gracias a la intromisión de la claqueta, es que los espectadores reflexionen sobre todo lo que acaban de presenciar: no solo la desventurada historia de este actor que se creyó Bolívar[94] y con ello desató una violencia incontenible, sino de toda la historia colombiana.

[94] En una entrevista realizada en el 2002 para el periódico *El Mundo*, Triana explicó que el argumento de la película se había inspirado en un hecho real: un actor que, al personificar a Bolívar en un dramático que él estaba dirigiendo, se volvió loco (Villamisa).

Creo que en esto radica la importancia de *Bolívar soy yo*: por fin podemos tratar de distanciarnos del culto a Bolívar y verlo en sus múltiples facetas. Fue el gran héroe de la independencia, el pasado se erige gracias a él, pero también, gracias a esa continua rememoración de sus ideas, su propia persona y su disfraz de militar, se ha vivido y se vive una violencia que no acaba.

El final de la película pareciera querer decirnos que aunque Bolívar volviera de la tumba, con sus mejores intensiones, los problemas de Colombia –de América latina– no se resolverían: su figura y su legado siguen siendo utilizados por los que tienen el poder o aspiran a él, y sigue siendo admirado por quienes no tienen más nada que perder.

Otro aspecto importante, que se destaca continuamente, es las maneras en que los distintos personajes piensan, se imaginan, acuden a la figura heroica: vemos las aproximaciones en que puede "leérselo" –desde el centro, la derecha o la izquierda–, recordárselo e incluso esperarle, según los intereses particulares y el lugar que cada uno ocupe en la sociedad.

Bolívar soy yo nos muestra cómo el Libertador Simón Bolívar sigue siendo al menos uno de los motores de la historia y la vida colombiana y latinoamericana. Gracias a las distintas representaciones del héroe que tienen los personajes, así como en los saltos entre la telenovela y la película, encontramos la representación de esos tres tipos de historia a los que se refería Nietzsche: no solo una historia *monumental* y *de anticuario*, sino una historia *crítica*, que pretende acabar con todo y preguntarse cómo comenzar sin ese legado (creo que ésa es otra de las maneras como podemos leer el final de la película).

Bibliografía

Anderson, Benedict. *Imagined Communities. Reflections on the Origin and Spread of Nationalism.* Londres: Verso, 1991.

_____ *The Spectre of Comparisons. Nationalism, Southeast Asia and the World.* Londres: Verso, 1998.

Appadurai, Arjun. *Modernity at Large: Cultural Dimensions of Globalization.* Minneapolis: U of Minnesota P, 1996.

Arenas, Nelly y Luis Gómez Calcaño. *Populismo autoritario: Venezuela 1999-2005.* Caracas: Cendes y CDCH, 2006.

Arenas Rodríguez, Rosa María. "La historia de Nietzsche". *A Parte Rei* 21: 1-21 <http://aparterei.com>.

Arocha, J.J. *Manuel Carlos Piar. El héroe y el genio.* Madrid: Cultura Clásica y Moderna, 1966.

Baczko, Bronislaw. *Los imaginarios sociales. Memorias y esperanzas colectivas.* Buenos Aires: Nueva Visión, 1991.

Balakrishnan, Gopal "The National Imagination". *New Left Review* 211 (1995): 16-69.

_____ ed. *Mapping the Nation.* Londres: Verso, 1996.

Balza, José. *Pensar a Venezuela.* Caracas: Bid & Co. Editor, 2006.

Barrera Linares, Luis. "Llegaron los ochenta: confluencia y diversidad en la narrativa finisecular". *Nación y literatura: itinerarios de la palabra en la cultura venezolana.* Carlos Pacheco, Luis Barrera Linares y Beatriz González-Stephan coords. Caracas: Fundación Bigott/Banesco/ Equinoccio, 2006. 801-817.

Bauzá, Hugo Francisco. *El mito del héroe. Morfología y semántica de la figura heroica.* Buenos Aires: Fondo de Cultura Económica, 1998.

Bencomo Barrios, Héctor. *Manuel Piar: estancias de una existencia provechosa.* Caracas: Banco del Caribe, 2006.

Benjamin, Thomas. *La Revolución Mexicana. Memoria, Mito e Historia.* México: Santillana, 2003.

Bennet, W Lance. "Myth, Ritual, and Political Control". *Journal of Communication* 30/4 (1980): 166-179.

Bhabha, Homi K. ed. *Nation and Narration*. Londres: Routledge, 1990.

Billig, Michael. *Banal Nationalism*. Londres: Thousand Oaks/New Delhi: Sage Publications, 1995.

_____ *Ideology and Opinions. Studies in Rhetorical Psychology*. Londres: Newbury Park/New Delhi: Sage Publications, 1991.

_____ y Rosamaría Núñez. "El nacionalismo banal y la reproducción de la identidad nacional". *Revista Mexicana de Sociología* 60/1 (1998): 37-57.

Blanco Muñoz, Agustín. *Venezuela del 04F al 06D-98. Habla el Comandante Hugo Chávez Frías*. Caracas: Universidad Central de Venezuela, 1998.

Bolívar, Simón. *Discursos, proclamas y epistolario político*. Madrid: Nacional, 1981.

Brunk, Samuel y Ben Fallaw. *Heroes & Hero Cults in Latin America*. Austin: U of Texas P, 2006.

Bushnell, David. *Simón Bolívar. Liberation and Disappointment*. Nueva York: Pearson Education, 2004.

Caballero, Manuel. *La peste militar. Escritos polémicos (1992-2007)*. Caracas: Alfa, 2007.

_____ *Por qué no soy bolivariano. Una reflexión antipatriótica*. Caracas: Alfadil, 2006.

Capriles, Colette. *La Revolución como espectáculo*. Caracas: Debate, 2004.

Carlyle, Thomas. *On Heroes, Worship and the Heroic in History*. Lincoln: U of Nebraska P, 1966.

Carrera Damas, Germán. *El culto a Bolívar. Esbozo para un estudio de la historia de las ideas en Venezuela*. Caracas: Universidad Central de Venezuela, 1973.

_____ "El culto heroico y la nación". *The Hispanic American Historical Review* 63/1 (1983): 107-145.

_____ *El Bolivarianismo-Militarismo. Una ideología del reemplazo*. Caracas: Ala de Cuervo, 2005.

Carrera Damas, Germán et al. *Mitos políticos en las sociedades andinas. Orígenes, invenciones y ficciones*. Caracas: Editorial Equinoccio, 2006.

Catro-Klarén, Sara y John Charles Chasteen eds. *Beyond Imagined Communities. Reading, Writing the Nation in Nineteenth-Century Latin America.* Washington DC: Wilson Center Press/The Johns Hopkins UP, 2003.

Castro Leiva, Luis. *De la patria boba a la teología bolivariana. Ensayos de historia intelectual.* Caracas: Monte Ávila, 1991.

Chibán, Alicia coord. *El archivo de la independencia y la ficción contemporánea.* Salta: Universidad Nacional de Salta, 2004.

Colmenares, Germán. *Las convenciones de la cultura. Ensayos sobre la historiografía del siglo XIX.* Colombia: TM Editores, 1997.

Combellas, Ricardo. "La Constitución de 1999 y la reforma política: implicaciones para la gobernabilidad democrática". VII Congreso Internacional del CLAD sobre la Reforma del Estado y de la Administración Pública. Lisboa 2002. <www.iij.derecho.ucr.ac.cr/archivos/documentacion/.../COMBELLAS.PDF>.

Conway, Christopher. *The Cult of Bolívar in Latin American Literature.* Gainsville: UP of Florida, 2003.

Coronil, Fernando. *The Magical State. Nature, Money, and Modernity in Venezuela.* Chicago: The U of Chicago P, 1997.

_____ y Julie Skurski. "Dismembering and Remembering the Nation: The Semantics of Political Violence in Venezuela". *Comparative Studies in Society and History* 33/2 (1991): 288-337.

Culler, Jonathan. "Anderson and the Novel". *diacritics* 29/4 (1999): 20-39.

Chabod, Federico. *La idea de nación.* México: Breviarios del Fondo de Cultura Económica, 1997.

Chatterjee, Partha. "Anderson's Utopia". *diacritics* 29/4 (1991): 128-134.

Cheah, Pheng. "Spectral Nationality: The Living On [sur-vie] of the Postcolonial Nation in Neocolonial Globalization". *Boundary* 2 26/3 (1999): 225-252.

Cheah, Pheng y Jonathan Culler eds. *Grounds of Comparison: Around the Work of Benedict Anderson. diacritics* 29/4 (1999).

Chust, Manuel y José Antonio Serrano eds. *Debates sobre las independencias iberoamericanas.* Madrid/Frankfurt: Iberoamericana/Vervuert, 2007. 221-236.

Dabhar, Sergio. "La escritura y sus culpables. Manuel Trujillo contra la novela histórica a lo Walt Disney". *El Nacional* (26 junio 1983): F 8.

Dávila, Luis Ricardo. "Venezuela, fábrica de héroes". *Laberintos del poder.* Carmen Díaz Orozco comp. Mérida: Publicaciones Vicerrectorado Académico/Instituto de Investigaciones Literarias Gonzalo Picón Febres, 2006.

_____ *Venezuela: la formación de las identidades políticas.* Mérida: Universidad de los Andes, 1996.

De Certeau, Michel. *The Writing of History.* Nueva York: Columbia UP, 1988.

Díaz, José Domingo. *Recuerdos sobre la rebelión de Caracas.* Caracas: Academia Nacional de la Historia, 1961.

Durán-Cogan, Mercedes F. "Construcciones imaginarias de la identidad. La 'novela épica' del dictador en el debate identitario latinoamericano". Tesis de Doctorado, Simon Fraser University, 1977.

_____ "Words and Images. Figurating and Dis-Figurating Identity". *National Identities and Sociopolitical Changes in Latin America.* Mercedes F. Durán-Cogan y Antonio Gómez-Moriana eds. Nueva York: Routledge, 2001. 67-109.

Eltit, Damiela y Nivia Palma. "El caso Simón Bolívar y la polémica del Fondart/Dossier de prensa". *Revista de Crítica Cultural* 9 (1994): 25-35.

Fernández Bravo, Álvaro. "Nota-reseña sobre Christopher Conway, *The Cult of Bolívar in Latin American Literature* y Martín Kohan, *Narrar a San Martín*". *Revista Iberoamericana* 217 (2006): 1039-1045.

Filippi, Alberto. *Instituciones e ideologías en la independencia hispanoamericana.* Buenos Aires: Alianza, 1988.

_____ ed. *Bolívar y Europa en las crónicas, el pensamiento político y la historiografía. Siglo XIX.* Caracas: Presidencia de Venezuela, 1986.

Flood, Christopher. *Political Myth. A Theoretical Introduction.* Nueva York: Routledge, 2002.

Font, Mauricio A. y Alfonso W. Quiroz eds. *The Cuban Republic and José Martí. Reception and Use of a National Symbol.* Lanham: Lexington Books, 2006.

Foucault, Michel. *Nietzsche, la genealogía, la historia*. Valencia: Pre-Textos, 2000.

Franceschi, Napoleón. *El culto a los héroes y la formación de la nación venezolana. Una visión del problema a partir del estudio del discurso historiográfico venezolano del período 1830-1883*. Caracas: Instituto Pedagógico de Caracas, 1999.

Franco, Jean. "Beyond Ethnocentrism: Gender, Power, and the Third World Intelligentsia". *Marxism and the Interpretation of Culture*. Cary Nelson y Lawrence Grossberg eds. Chicago: U of Illinois P, 1988. 503-515.

_____ *Critical Passions: Selected Essays*. Durham: Duke UP, 1999.

_____ "The Nation as Imagined Community". *The New Historicism*. H. Aram Veeser ed. Nueva York: Routledge, 1989. 204-212.

García Canclini, Néstor. *Consumidores y ciudadanos. Conflictos multiculturales de la globalización*. México: Grijalbo, 1995.

Gellner, Ernest. *Nations and Nationalism*. Oxford: Basil Blackwell, 1983.

Gil Calvo, Enrique. *Máscaras masculinas. Héroes, patriarcas y monstruos*. Barcelona: Anagrama, 2006.

Girardet, Raoul. *Mitos y mitologías políticas*. Buenos Aires: Nueva Visión, 1999.

Gómez, Laureano. *El mito de Santander*. Bogotá: Editorial Revista Colombiana, 1966. Vols. I y II.

Gómez Martínez, José Luis y Luis Javier Hernández Carmona. "Bolívar y nosotros". Dossier en *Cuadernos Americanos* 104 (2004): 11-55.

González Deluca, María Elena. *El Nacional* (26 julio 2010) Cultura/4.

González Echevarría, Roberto. *Myth and Archive. A Theory of Latin American Narrative*. Durham: Duke UP, 1998.

Gott, Richard. *In the Shadow of the Liberator. Hugo Chávez and the Transformation of Venezuela*. Londres: Verso, 2000.

_____ *Hugo Chávez and the Bolivarian Revolution*. Londres: Verso, 2005.

Guerra, François-Xavier. "Introducción". *Inventando la nación. Iberoamérica. Siglo XIX*. Antonio Annino y François-Xavier Guerra coords. México: Fondo de Cultura Económica, 2003. 7-11.

Guzmán, Rodolfo. "La (di)solución del héroe nacional: del Bolívar desesperanzado de García Márquez al Bolívar *travesti* de Dávila". *Proceedings of The 23rd. Lousiana Conference on Hispanic Languages and Literatures.* Alejandro Cortázar y Christian Fernández eds. Baton Rouge: Department of Foreing Languages, 2003. 109-118.

Hall, John A. ed. *The State of the Nation: Ernest Gellner and the Theory of Nationalism.* Cambridge: Cambridge UP, 1998.

Harwich, Nikita. "Un héroe para todas las causas: Bolívar en la historiografía". *Iberoamericana* III/10 (2003): 7-22.

Hébrard, Véronique. "El hombre en armas: de la heroización al mito (Venezuela, siglo XIX)". *Mitos políticos en las sociedades andinas. Orígenes, invenciones y ficciones.* Germán Carrera Damas et al. Caracas: Equinoccio, 2006.

Herlinghaus, Hermann ed. *Narraciones anacrónicas de la modernidad. Melodrama e intermedialidad en América Latina.* Santiago: Cuarto Propio, 2002.

Hobsbawm, Eric. "Barbarism: A User's Guide". *New Left Review* 206 (1994): 44-57.

_____ *Nations and Nationalism since 1780. Programme, myth, reality.* Cambridge: Cambridge UP, 1990.

_____ y Terence Ranger eds. *The Invention of Tradition.* Cambridge: Cambridge UP, 1994.

Jiménez Moreno, Luis. "Historia y filosofía de Nietzsche". *Estudios del Departamento de Historia de la Filosofía* I (1980): 193-217.

Kantaris. Geoffrey. "Soapsuds and Histrionics: Media, History, and Nation in *Bolívar soy yo*". *Contemporary Latin American Cinema.* Deborah Shaw ed. Maryland: Rowman & Littlefield Publishers, 2007. 117-133.

Kosak, Gisela. *Venezuela, el país que siempre nace.* Caracas: Alfa, 2008.

Krauze, Enrique. *El poder y el delirio.* Caracas: Alfa, 2009.

Kristeva, Julia. *Nations without Nationalism.* Nueva York: Columbia UP, 1993.

Kohan, Martín. *Narrar a San Martín.* Buenos Aires: Adriana Hidalgo, 2005.

Laclau, Ernesto. *Emanicipacion(s)*. Londres: Verso, 1996.

_____ *La razón populista*. Buenos Aires: Fondo de Cultura Económica, 2005.

_____ y Chantal Mouffe. *Hegemony and Socialist Strategy: Towards a Radical Politics*. Londres: Verso, 2001.

Landaeta Rosales, Manuel. *Procedencia del General Manuel Piar*. Caracas: Imprenta Nacional, 1916.

Lasser, Alejandro. *El general Piar*. Caracas: Talleres Patria, 1946.

Leal Curiel, Carole ed. *Obras de Luis Castro Leiva. Para pensar a Bolívar*. Caracas: Fundación Polar/Universidad Católica Andrés Bello, 2005. Vol. I.

Lecuna, Vicente. *Crónica razonada de las guerras de Bolívar*. Nueva York: New Colonial Press, 1950. Vols. I-II.

Lemebel, Pedro. "Juan Dávila (La silicona del libertador)". *Loco afán. Crónicas de sidario*. Santiago: LOM Editores, 1997. 135-36.

López Maya, Margarita. *Del Viernes Negro al Referendo Revocatorio*. Caracas: Alfadil, 2006.

López Pedraza, Rafael. *Sobre héroes y poetas*. Caracas: Festina Lente, 2002.

Lynch, John. *The Spanish American Revolutions 1808-1826*. Nueva York: Norton, 1986.

_____ *Simón Bolívar. A Life*. New Haven: Yale UP, 2006.

Madariaga, Salvador de. *Bolívar*. Buenos Aires: Sudamericana, 1959.

Magallanes, Manuel Vicente. *Historia política de Venezuela*. Caracas: Monte Ávila, 1975. Vol. I.

Marcano, Cristina y Alberto Barrera Tyszka. *Hugo Chávez sin uniforme. Una historia personal*. Caracas: Debate, 2005.

Márquez, Carmen. "Jano, dios romano del pasado y el futuro". <http://sobreleyendas.com/2008/04/10/jano-dios-romano-del-pasado-y-del-futuro/>.

Martín, Gustavo. *Magia y religión en la Venezuela contemporánea*. Caracas: UCV, 1983.

Martín-Barbero, Jesus y Sonia Muñoz coords. *Televisión y melodrama*. Bogotá: Tercer Mundo Editores, 1992.

Martínez, Ibsen. "CAP y las manos del general Obregón". *Tal Cual* (6 de febrero de 2011): 4.

Masiello, Francine. "Gender, Dress, and Market: The Commerce of Citizenship in Latin America". *Sex and Sexuality in Latin America.* Daniel Balderston y Donna J. Guy eds. Nueva York: New York UP, 1997. 219-233.

_____ *The Art of Transition: Latin American Culture and Neoliberal Crisis.* Durham: Duke UP, 2001.

Masur, Gerhard. *Simon Bolivar.* Albuquerque: U of New Mexico P, 1969.

Méndez Guédez, Juan Carlos. "Veinte años no es nada (notas sobre narrativa venezolana del ochenta y noventa". *Espéculo. Revista de estudios literarios.* 1999. <http://www.ucm.es/info/especulo/numero11/li_venez.html>.

Mignolo, Walter. *The Idea of Latin America.* Malden-Oxford: Blackwell, 2005.

Molloy, Sylvia. "La cuestión del género: propuestas olvidadas y desafíos críticos". *Revista Iberoamericana* LXVI/193 (2000): 815-819.

Montaldo, Graciela. *Zonas ciegas. Populismos y experimentos culturales en la Argentina.* Buenos Aires: Fondo de Cultura Económica, 2010.

Montero, Maritza. "Génesis y desarrollo de un mito político". *Tribuna del Investigador* 1/2 (1994): 90-100.

Mora, Pascual. "Bolívar, imaginario social". *Cifra Nueva* 15 (enero-junio 2002): 101-113.

_____ "La invención de la tradición en la Revolución Bolivariana aproximación a la historia inmediata". *Conhisremi, Revista Universitaria de Investigación y diálogo académico* 4/1 (2008): 1-18.

Morón, Guillermo. *Memorial de agravios.* Caracas: Alfadil, 2005.

Murray, Pamela S. "'Loca' or 'Libertadora'? Manuela Sáenz in the Eyes of History and Historians, 1900-c. 1990". *Journal of Latin American Studies* 33 (2001): 191-310.

_____ "Of Love and Politics: Reassessing Manuela Sáenz and Simón Bolívar, 1822-1830". *History Compass* 5/1 (2007): 227-250.

Mutis, Álvaro. "El último rostro". *La muerte del estratega.* México: Fondo de Cultura Económica, 1985. 89-103.

Nairn, Tom. *Faces of Nationalism. Janus Revisited.* Londres: Verso, 1997.

Narváez Churión, Vicente Luis. "Por el rescate del nombre del General en Jefe Manuel Piar". *Boletín de la Academia Nacional de la Historia* 68/270 (1985): 443-451.

Navarro, Armando. "Narrativa de los '80: conocidos y por conocer". *Papel Literario. El Nacional* [Caracas] 31 de diciembre de 1989: 4-5.

Nietzsche, Friedrich. *Untimely Meditations.* Cambridge: Cambridge UP, 1997.

Nouzeilles, María Gabriela. Reseña a "Castro-Klarén, Sara and John Charles Chaster, eds. *Beyond Imagined Communities: Reading and Writing the Nation in Nineteenth-Century Latin America.* Baltimore: The Johns Hopkins UP, 2003.

Novo, María Teresa, Isabel Rodríguez, Rafael Salazar y Mariano Díaz. *Bolívar en la memoria de su pueblo. Literatura-Música-Arte Popular.* Caracas: Banco Industrial de Venezuela, 1999.

O'Leary, Daniel Florencio. *Memorias.* Bogotá: Editorial Santa Fe, 1952. Vols. I-III.

_____ *Memorias del General O'Leary.* Caracas: Ministerio de la Defensa, 1981. Vol. XV.

Ortiz, Renato. *Otro territorio.* Santafé de Bogotá: Convenio Andrés Bello, 1988.

Panizza, Francisco ed. *Populism and the Mirror of Democracy.* Londres: Verso, 2005.

Phaf, Ineke y Matthias Röhrig-Assunção. "History is Bunk! Recovering the Meaning of Independence in Venezuela, Colombia, and Curaçao: A Cross Cultural Image of Manuel Piar". *A History of Literature in the Caribbean.* James A. Arnold ed. Amsterdam: Benjamins, 1997. Vol. 3. 161-174.

Pino Iturrieta, Elías. *El divino Bolívar. Ensayo sobre una religión republicana.* Caracas: Catarata, 2003.

Pomer, León. *La construcción de los héroes. Imaginario y nación.* Buenos Aires: Leviatán, 2005.

Pratt, Mary Louise. "Criticism in the Contact Zone: Descentering Community and Nation". *Critical Theory, Cultural Politics, and Latin American Narrative.* Steven M. Bell, Albert H. Le May y Leonard Orr eds. Notre Dame: U of Notre Dame P, 1993. 93-102.

Quintero, Inés. "Nación y construcción discursiva. Bolívar de izquierda-Bolívar de derecha". *Historia Caribe* II/7 (2002): 77-92.

_____ y Vladimir Acosta. *El Bolívar de Marx*. Caracas: Alfa, 2007.

Rama, Ángel. *Diario 1974-1983*. Montevideo: Trilce, 2001.

Ramírez Ribes, María. *La utopía contra la historia.* Caracas: Fundación para la Cultura Urbana, 2005.

Ramos, Julio. *Desencuentros de la modernidad en América Latina. Literatura y política en el siglo XIX*. México: Fondo de Cultura Económica, 1989.

Renan, Ernesto. *¿Qué es una nación?* Madrid: Instituto de Estudios Políticos, 1957.

Reverend, A. P. *La última enfermedad. Los últimos momentos y los funerales de Simón Bolívar. Libertador de Colombia y del Perú por su médico de cabecera.* París: Imprenta Hispano-Americana de Cosson y comp., 1866.

Richard, Nelly. "Turbiedad, anacronismo y degeneraciones". *Residuos y metáforas (Ensayos de crítica cultural sobre el Chile de la Transición).* Santiago: Cuarto Propio, 1998. 179-198.

Ríos, Alicia. "La guerra y la prensa: aparatos de captura del Estado republicano". *Estudios* 11 (1998): 107-117.

Robinett, Janet. "Seymour Menton: *Latin America's New Historical Novel* (Book Review)". *America's New Historical Novel* 28 (1996): 604-607.

Rojas, Rafael. *Las repúblicas del aire. Utopía y desencanto en la revolución hispanoamericana.* México: Taurus, 2009.

Rojas, Reinaldo. *Historiografía y política sobre el tema bolivariano.* Barquisimeto: Ateneo Ciudad de Barquisimeto/Fundación Buria, 1999.

Rotker, Susana. "El evangelio apócrifo de Simón Rodríguez". *Estudios* 12 (1998): 29-44.

Said, Edward W. *Culture and Imperialism.* Nueva York: Alfred A. Knopf, 1993.

_____ *Representations of the Intellectual. The 1993 Reith Lectures.* Nueva York: Vintage Books, 1996.

Salas, Yolanda. "Piar en las vertientes de la historia colectiva". *Revista Bigott* 33 (1995): 23-31.

_____ "La dramatización social y política del imaginario popular: el fenómeno del bolivarismo en Venezuela". *Estudios latinoamericanos sobre cultura y transformaciones sociales en tiempos de globalización.* Daniel Mato comp. Buenos Aires: CLASCO, 2001. 201-221.

_____ "'La revolución bolivariana' y 'la sociedad civil': la construcción de subjetividades nacionales en situación de conflicto". *Revista Venezolana de Economía y Ciencias Sociales* 10/2 (2004): 91-109.

_____ *Manuel Piar. El héroe de múltiples rostros. Una aproximación a la historia desde la perspectiva de la memoria colectiva.* Caracas: Ministro de Estado para la Cultura, 2010.

Salas de Lecuna, Yolanda. *Bolívar y la historia en la conciencia popular.* Caracas: Universidad Simón Bolívar, 1987.

_____ "Las voces múltiples en la construcción de la conciencia histórica". *Diversidad cultural y construcción de identidades: estudios sobre Venezuela, América Latina y el Caribe.* Daniel Mato coord. Caracas: Tropykos, 1993. 151-161.

Sánchez, Rafael. "Bones of Contention: Violence, Monumentality, and the State as Detective in Chávez's Venezuela". *Subjetividades colectivas y globalización: fronteras, diásporas y naciones.* Rio de Janeiro: Academia de la Latinidad, 2008. 281-304.

Sanjinés C., Javier. *Rescoldos del pasado. Conflictos culturales en sociedades postcoloniales.* La Paz: PIEB, 2009.

Sarlo, Beatriz. "Raymond Williams, una relectura". *Nuevas perspectivas desde/sobre América Latina. El desafío de los estudios culturales.* Mabel Moraña ed. Santiago: Cuarto Propio/Instituto Internacional de Literatura Iberoamericana, 2000. 309-317.

_____ *Tiempo pasado. Cultura de la memoria y giro subjetivo. Una discusión.* Buenos Aires: Siglo XXI, 2005.

Savater, Fernando. *La tarea del heroe.* Barcelona: Destino, 2004.

Scheler, Max. *El santo, el genio, el héroe.* Buenos Aires: Nova, 1961.

Serrano, Arturo coord. *Para leer a Castro Leiva.* Caracas: Universidad Católica Andrés Bello/Fundación Adenauer-Stiftung, 2006.

Seton-Watson, Hugh. *Nation and State (An enquiry into de Origins of Nations and the Politics of Nationalism).* Cambridge: Methuen & Co., 2007.

Smith, Anthony D. *La identidad nacional.* Madrid: Editorial S.L., 1997.

_____ *Nationalism and Modernism: A Critical Survey of Recent Theories of Nations and Nationalism.* Londres: Routledge, 1998.

Socorro, Milagros. <http://milagrossocorro.blogspot.com/2010/07/de-que-murio-simon-bolivar-el-nacional.html>.

Soler, Ricaute. "Bolívar y la cuestión nacional americana". *Nuestra América Latina* 13/1 (1989): 409-416.

Soriano de García Pelayo, Graciela. *Venezuela 1810-1830. Aspectos desentendidos de dos décadas.* Caracas: Cuadernos Lagoven, 1988.

Sosa Llanos, Pedro Vicente. *Guerra, hacienda y control fiscal en la emancipación de Venezuela (1810-1830).* Caracas: Boletín del Archivo Histórico de la Contraloría General de la República, 1995.

Stephen K. Stoan. *Pablo Morillo and Venezuela, 1815-1820.* Columbus: Ohio State UP, 1974.

Stock, Ann Marie ed. *Framing Latin American Cinema: Contemporary Critical Perspectives.* Minneapolis: U of Minnesota P, 1997.

Straka, Tomás. *La épica del desencanto. Bolivarianismo, historiografía y política en Venezuela.* Caracas: Alfa, 2009.

Suárez, Juana. "'En átomos volando': transformaciones de la iconografía patriota en la producción cultural contemporánea colombiana". *Revista Iberoamericana* LXXIV/223 (2008): 405-422.

Taussig, Michael. *The Magic of the State.* Nueva York: Routledge, 1997.

Torres, Ana Teresa. *La herencia de la tribu. Del mito de la Independencia a la Revolución Bolivariana.* Caracas: Alfa, 2009.

Trigo, Abril. *Caudillo, Estado, Nación. Literatura, historia e ideología en el Uruguay.* Gaithersburg: Hispamérica, 1990.

_____ *Memorias migrantes. Testimonios y ensayos sobre la diáspora uruguaya.* Rosario: Beatriz Viterbo Editora, 2003.

Trujillo, Manuel. *El Gran Dispensador.* Caracas: Fundación Cadafe, 1983.

Urbaneja, Diego Bautista. *Bolívar, el pueblo y el poder.* Caracas: Fundación para la Cultura Urbana, 2004.

Uzcategui, Rafael. *Venezuela: Revolution as Spectacle.* Tucson: Sea Charp P, 2010.

Vallenilla Lanz, Luis. *Cesarismo Democrático y otros textos.* Caracas: Biblioteca Ayacucho, 1991.

Vatimo, Gianni. *Diálogo con Nietzsche. Ensayos 1961-2000.* Buenos Aires: Paidós, 2002.

Vernik, Esteban comp. *Qué es una nación. La pregunta de Renan revisitada.* Buenos Aires: Prometeo libros, 2004.

Villamil, María Elvira. "Reflexividad y política en *Bolívar soy yo* de Jorge Alí Triana". *Romance Quaterly* 57 (2010): 245-256.

Villamisa, Simón. "Jorge Alí Triana *Bolívar soy yo*". *El Mundo* (4 de noviembre de 2002).

Viloria Vera, Enrique. *Neopopulismo y Neopatrimonialismo: Chávez y los mitos americanos.* Caracas: Centro de Estudios Latinoamericanos Arturo Úslar Pietri/Universidad Metropolitana/Centro de Estudios Ibéricos y Americanos de Salamanca, 2004.

Virtuoso, José S.J. "Catolicidad y República desde Luis Castro Leiva". *Para leer a Castro Leiva.* Arturo Serrano coord. Caracas: Universidad Católica Andrés Bello/Fundación Adenauer/Stiftung, 2006. 101-107.

Volpi, Jorge. *El insomnio de Bolívar. Cuatro consideraciones intempestivas sobre América Latina en el siglo XXI.* México/Bogotá: Debate, 2009.

Williams, Raymond. *Marxism and Literature.* Oxford: Oxford UP, 1985.

Bibliografía específica sobre *El general en su laberinto*

Albada Jelgersma, Jill. "Simón Bolívar en *El general en su laberinto*, de Gabriel García Márquez". *Journal of Iberian and Latin American Studies* 7/1 (2001): 55-63.

Alonso, Carlos J. *The Burden of Modernity. The Rhetoric of Cultural Discourse in Spanish America.* Nueva York: Oxford UP, 1998.

_____ "The Mourning After: García Márquez, Fuentes and the Meaning of Postmodernity in Spanish America". *MLN. Hispanic Issue* 109/2 (1994): 252-267.

Álvarez Borland, Isabel. "The Task of the Historian in *El general en su laberinto*". *Hispania* 76/3 (1993): 440-446.

Amaya M., Nelly Rocío. Reseña a Gabriel García Márquez. *El general en su laberinto.* 2007. <http://bilbioteca.edu.co/abs/archivos/Elgenera.pdf>.

Arciniegas, Germán. "La última novela de García Márquez enfrenta a colombianos y venezolanos". *El País* (4 de abril de 1989): 28.

Arguedas, María Eugenia. "El Quijote de la mancha en *El general en su laberinto*". *Revista de Filología y Lingüística de la Universidad de Costa Rica* XIX/I (1993): 61-64.

Atwood, Margaret. "A Slave to his Own Liberation". *The New York Times Book Review* 1 (16 de septiembre de 1990): 30.

Baquero, Gastón. "Bolívar real y vivo". *Repertorio Crítico sobre García Márquez.* Juan Gustavo Borda comp. y Luis García Núñez ed. Bogotá: Instituto Caro y Cuervo, 1995. Vol. II, 337-340.

Bautista, Gloria. "El general de García Márquez: la desmitificación de Bolívar". *Verba Hispánica* 2 (1992): 57-59.

Bell-Villalba, Gene. *García Márquez: The Man and his Work.* Chapel Hill: The U of North Carolina P, 2010.

Bellini, Giuseppe. "Dos generaciones en su laberinto". *Rassegna Iberistica* 41 (1991): 3-13.

Betancur, Belisario. "García Márquez en el laberinto del general". *El País Semanal* (13 de marzo de 1989): 19.

Bitter, Jorge Eduardo. "El «General de Gabo» en Panamá. Segunda oportunidad para Bolívar". *El Tiempo. Lecturas dominicales* (9 de abril de 1989): 4-5.

Boland, Roy C. "'Los más insignes majaderos de este mundo': Simon Bolivar Between Christ and Don Quixote in *El general en su laberinto*". *Antípodas. Journal of Hispanic Studies of the University of Auckland* IV (1992): 155-165.

Bradu, Fabienne. Reseña a *El general en su laberinto. Vuelta* 151 (junio 1989): 34-36.

Briseño Perozo, Mario. "El Bolívar de García Márquez". *El Universal* (23 de abril de 1989).

Bushnell, David. Reseña "*El general en su laberinto* by Gabriel García Márquez". *The Hispanic American Historical Review* 70/1 (1990): 200-201.

_____ "¿El primer Nobel historiógrafo?". *Revista de Estudios Colombianos* 7 (1989): 33-35.

Butt, John. "The Liberator in Defeat". *Times Literary Supplement* 14/20 (1989): 781.

Caballero, Antonio. "Un libro escrito con una sola mano". *Semana* 358 (20 de marzo de 1989): 34-35.

Carillo, Germán D. "La parodia de la historia en *El general en su laberinto*". *Revista Interamericana de Bibliografía* 41 (1991): 601-606.

Carrascosa Miguel, Pablo. "*El general en su laberinto*". Barcelona: Ediciones CEAC, 1989.

Cato, Susana. "News from García Márquez". *World Press Review* 36 (June 1989): 60.

Chibán, Alicia. "Rivalidades en el panteón heroico: *Manuel Piar; caudillo de dos colores*, de Herrera Luque". *El archivo de la Independencia y la Ficción Contemporánea.* Alicia Chibán cord. Salta: Universidad Nacional de Salta, 2004. 463-477.

Cobo Borda, Juan G. "Los nuevos Bolívares". *Cuadernos Hispanoamericanos* 472 (1989): 8-23.

_____ *Silva, Arciniegas, Mutis, García Márquez y otros colombianos escritores.* Bogotá: Presidencia de la República, 1997.

Cobo Borda, Juan Gustavo. "Cultura y violencia a través de la obra de Gabriel García Márquez". *Repertorio Crítico sobre García Márquez.* Juan Gustavo Cobo Borda comp. y Luis García Núñez ed. Bogotá: Instituto Caro y Cuervo, 1995. Vol. I, 227-239.

Coddou, Marcelo. "*El general en su laberinto*". *El Sur* (23 de abril de 1989): 9.

Cohen, Sandro. "Fidelidad y fantasía. Un Bolívar a la medida de Gabriel García Márquez". *Sábado* (13 de mayo de 1989): 606.

Coleman, Alexander. "Gabriel García Márquez. *El general en su laberinto*". *Review. Latin American Literatures & Arts* 41 (1989): 5-8.

Conte, Rafael. "El sueño de Simón Bolívar". *Antipodas. Journal of Hispanic Studies of the University of Auckland* IV (1992): 151-153.

Conway, Christopher B. *The Cult of Bolívar in Latin American Literature.* Florida: UP of Florida, 2003.

Coria, José Felipe. "Un perro en el pabellón del vacío". *Sábado* (13 de mayo de 1989): 606.

Correa, Rafael. "Por el Magdalena de García Márquez o la ex-centricidad de la escritura". *Actas Irvine 92. Asociación Internacional de Hispanistas.* Juan Villegas ed. Irvine: U of California P, 1994. 331-336.

_____ "*El general en su laberinto* y la metaficción historiográfica". *Literatura del mundo hispánico* (1992): 281-291.

Costa Milton, Heloisa. "O tema da morte e do herói: o laberinto de Simón Bolívar na criação de García Márquez". *Revista de Letras* 34 (1994): 131-139.

Cowie, Lancelot. "Bolívar entre la historia y la ficción". *Cuadernos Americanos* 104 (2004): 33-42.

Cruz, Juan. "El desprestigio del tiempo". *El País. Libros* 57 (1989): 2.

Davis, Mary E. "Sophocles, García Márquez and the Labyrinth of Power". *Revista Hispánica Moderna* XLIV/1 (1991): 108-123.

Degiovanni, Fernando. Reseña a *The Cult of Bolívar in Latin American Literature. MLN* 120/2 (2005): 493-497.

Duque López, Alberto. "Primera lectura del Bolívar de Gabo. Un libro tierno, crudo y polémico". *El Tiempo. Lecturas dominicales* (26 de febrero de 1989): 8-11.

Eder, Richard. "'General': A Great Journey and a Great Tangle". *The Hartford Courant* (September 30, 1990): G3.

Ekland, Charlotte. "*El general en su laberinto*". *Confluencia* 7/2 (1992): 125-130.

Elmore, Peter. *La fábrica de la memoria. La crisis de la representación en la novela histórica hispanoamericana*. México: Fondo de Cultura Económica, 1997.

Fuentes, Carlos. *Valiente mundo nuevo. Épica, utopía y mito en la novela hispanoamericana*. Madrid: Narrativa Mondadori, 1990.

Galindo V., Oscar. "Nueva novela histórica: una introducción". *Documentos Lingüísticos y Literarios* 22 (1999): 39-44.

Gandía, Enrique de. "*El general en su laberinto*". Juan Gustavo Borda comp. y Luis García Núñez ed. Bogotá: Instituto Caro y Cuervo, 1995. Vol. II, 292-310.

García Conde, Luisa. "*El general en su laberinto*: un encuentro con la historia de América Latina". *Quinientos años de soledad: actas del congreso "Gabriel García Márquez" celebrado en la Universidad de Zaragoza del 9 al 12 de diciembre de 1992*. Túa Blesa ed. Zaragoza: Tropelías, Universidad de Zaragoza, 1997. 511-519.

García Dussán, Pablo. "El papel de la ironía y la metaficción en *El general en su laberinto*". <http://www.simon-bolivar.org/bolivar>.

García Márquez, Gabriel. *El general en su laberinto*. Bogotá: La Oveja Negra, 1989.

García-Posada, Miguel. "El general en su laberinto". *ABC Literario* (18 de marzo de 1989): III.

Gates, María Cristina. "Bolívar/Brandán: el viaje y el laberinto". *Letras. Revista de la Facultad de Filosofía y Letras de la Pontificia Universidad Católica Argentina Santa María de los Buenos Aires* 35/36 (1991): 97-111.

Gil Amate, Virginia (1997) "*El general en su laberinto*: la historia como ficción". *Quinientos años de soledad: actas del congreso 'Gabriel García Márquez' celebrado en la Universidad de Zaragoza del 9 al 12 de diciembre de 1992*. Túa Blesa ed. Zaragoza: Tropelías, Universidad de Zaragoza, 1997. 531-535.

Gilard, Jacques. "La otra historia oficial". *Universidad Nacional de Colombia* 21 (1989): 43-47.

Giraldo, Luz Mary. *Más allá de Macondo. Tradición y rupturas literarias*. Bogotá: Universidad Externado de Colombia, 2006.

González, Nelly Sfeir V. de comp. *Bibliographic Guide to Gabriel García Márquez, 1992-2002*. Westport: Praeger, 2003.

González Echevarría, Roberto. "Archival Fictions: García Márquez' Bolívar's File". *Critical Theory, Cultural Politics, and Latin American Narrative*. Steven M. Bell ed. Notre Dame: Notre Dame UP, 183-207.

_____ "García Márquez y la voz de Bolívar". *Cuadernos Americanos* V.4.28 (1991): 63-76.

_____ *Myth and archive. A Theory of Latin American Narrative*. Cambridge: Cambridge UP, 1990.

_____ y Enrique Pupo-Walker. *The Cambridge History of Latin American Literature*. Nueva York: Cambridge UP, 1996. Vol. II, 289-292.

Gutiérrez Girardot, Rafael. *Tradición y ruptura*. Bogotá: Random House Mondadori, 2006.

Guzmán, Rodolfo. "La (di)solución del héroe nacional: del Bolívar desesperanzado de García Márquez al Bolívar travesti de Juan Domingo Dávila". *Proceedings of the 23rd. Louisiana Conference on Hispanic Languages and Literatures*. Alejandro Cortázar y Christian Fernández eds. Baton Rouge: Department of Foreign Languages, 2003. 109-118.

Hahn, Hannelore. *The Influence of Franz Kafka on Three Novels by Gabriel García Márquez*. Nueva York: Peter Lang, 1993.

Hernández Carmona, Javier. "El ocaso del poder como alegoría latinoamericana en tres novelas de Gabriel García Márquez". *Cuadernos Americanos* 104 (2004): 43-55.

Hernández de López, Ana María. "Los últimos premios Nobel de Hispanoamérica y sus laberintos". *Cuadernos Americanos* 26 (1991): 45-56.

Hernández Sánchez-Barba, Mario. "Bolívar en presencia de la muerte. *El general en su laberinto*, novela de García Márquez". *Mar Océana. Revista del Humanismo Español e Iberoamericano* 7 (2001): 83-89.

Higgins, José Consuegra. "*El general en su laberinto*". *El Heraldo* (17 de abril de 1989).

Hood, Edward W. "The Liberator in the Literary Labyrinth of Gabriel García Márquez". *Secolas Annals. Journal of the Southeastern Council on Latin American Studies* 22 (1991): 68-73.

Iglesias Berzal, Montserrat. "Simón Bolívar: la oportunidad de Hispanoamérica en *El general en su laberinto*". *Latinoamérica* 41 (2005/2): 11-41.

Janik (Mainz), Dieter. "La conciencia histórica en la novela colombiana". *Die Ganze Welt Ist Buhne Todo El Mundo Es Un Escenario: Festschrift Fur Klaus Portl Zum 65. Geburtstag Homenaje A Klaus Portl En Ocasion De Su 65 Aniversario.* Mattias Perl y Wolfgang Pockl eds. Frankfurt: Peter Lang, 2003. 85-91.

Keer, R. A. "As I Lay Dying: Archetropic Imaginery in García Márquez's *El general en su laberinto*". *Romance Notes* 44 (2004): 267-273.

Kline, Carmenza. *Los orígenes del relato.* Colombia: Tercer Mundo, 1992.

Klooster, Win. "La versión garciamarquina del universo bolivariano. Historia y ficción en *El general en su laberinto*". *Foro Hispánico* 1 (1991): 57-63.

König, Hans-Joachim. "*El general en su laberinto,* ¿un ataque a la historia patria?". *Literatura-historia-política: articulando las relaciones entre Europa y América Latina.* Sonja Steckbauer y Günther Maiholdy eds. Madrid/Frankfurt: Iberoamericana/Verveut, 2004. 43-60.

Laignelet Rojas, Víctor. *Lo bueno y lo malo de "El amor en los tiempos del cólera" y epílogo adicional con acotación sobre "El general en su laberinto".* Barranquilla: s/e., 1990.

Little, Roch. "*El general en su laberinto*, una lectura histórica". *Memorias: XX Congreso Nacional de Literatura, Lingüística y Semiótica: Cien años de soledad treinta años despues.* Bogotá: Universidad Nacional de Colombia/Instituto Caro y Cuervo, 1998. 151-156.

Llácer Llorca, Eusebio V. y Esther Enjuto Castellanos. "Historia novelada o novela histórica: el general Bolívar en el laberinto de García Márquez". *Cuadernos Americanos* 93 (2002): 151-161.

López Martínez, María Isabel. "De las formas expresivas a la visión del mundo de *El general en su laberinto* de Gabriel García Márquez". *Quinientos años de soledad: actas del congreso "Gabriel García Márquez" celebrado en la Universidad de Zaragoza del 9 al 12 de diciembre de 1992*. Túa Blesa ed. Zaragoza: Tropelías, Universidad de Zaragoza, 1997. 609-617.

López Michelsen, Alfonso. "Me devoré tu último libro". *Repertorio Crítico sobre García Márquez*. Juan Gustavo Borda comp. y Luis García Núñez ed. Bogotá: Instituto Caro y Cuervo, 1995. Vol. II, 280-281.

Lovera De-Sola, R. J. "*El general en su laberinto*". *Boletín de la Academia Nacional de la Historia* 72 (1989): 331-334.

Lozano, Pilar. "La última novela de García Márquez enfrenta a colombianos y venezolanos". <El País.com>

Lynch, John. *Simón Bolívar. A Life*. New Haven: Yale UP, 2006.

Mandrillo, Cósimo. "*El general en su laberinto*: Postmodernidad y Archivo". *Revista de Literatura Hispanoamericana* 35 (1997): 129-143.

Martin, Gerard. *Gabriel García Márquez: A Life*. Nueva York: Alfred A. Knopf, 2009.

_____ *Journeys through the Labyrinth. Latin American Fiction in the Twentieth Century*. Londres: Verso, 1989.

Martínez Argote, Germán et al. *El Bolívar de Gabo*. Bogotá: El Búho, 1990.

Maturo, Graciela. *América Latina en su laberinto. Una aproximación hermenéutica a la novela "El general en su laberinto" de Gabriel García Márquez*. Buenos Aires: Centro de Estudios Latinoamericanos, 1991.

McMurray, George. "García Márquez's *El general en su laberinto*: History and Fiction". *Confluencia* 5 (1989): 119-123.

Mejías López, Alejandro. "(Re)Imagining Bolívar". <http://www.ncsu.edu/project/ acontracorriente/spring05/Mejias_Lopez.pdf>.

Méndez, José Luis. *Cómo leer a García Márquez: una interpretación sociológica*. Río Piedras: Editorial de la Universidad de Puerto Rico, 1989.

Méndez Ramírez, Hugo. "Simón Bolívar y la imaginación literaria". *Bulletin of Hispanic Studies* 74 (1997): 197-212.

Menton, Seymour. *Latin America's New Historical Novel.* Austin: U of Texas P, 1993.

_____ "'El último rostro': nada de fragmento". *Revista de Estudios Colombianos y Latinoamericanos* 12/13 (1994): 39-42.

Mojica, Sarah de. "Cuerpos entre ruinas. Metáforas espaciales en *El general en su laberinto* y otras crónicas garciamarquianas". *Memorias: XX Congreso Nacional de Literatura, Lingüística y Semiótica: Cien años de soledad treinta años después.* Bogotá: Universidad Nacional de Colombia/ Instituto Caro y Cuervo, 1998. 219-227.

Montiel, Edgar. "Gabo y la historia: ¿cómo bajar del caballo al general?". *La Jornada de los libros* (8 de abril de 1989): 220.

Morales, Carlos. "*El general en su laberinto*". *La revista del sur* 18 (1989): 38-40.

Morán, Lucas. "Un asesino espiritual". *El Nuevo Día* (21 de mayo de 1989): 20.

Mujica, Bárbara. "A Generation Shadows. *The General in His Labyrinth*". *Americas* 43/3 (1991): 60.

Muro, Miguel Ángel. "Peculiaridad y dificultad de la novela histórica: *El general en su laberinto*". *Tropelías. Revista de teoría de la literatura y literatura comparada* 7/8 (1996/1997): 247-259.

Mutis, Álvaro. "Los que ya la leyeron". *Semana* 358 (14 de marzo de 1989): 37.

_____ "El pasto del general". *El Tiempo. Lecturas dominicales* (5 de agosto de 1990): 4.

Narea, María. "La representación bolivariana en *El general en su laberinto* de Gabriel García Márquez". *Revista Ciencias de la Educación* 19 (2002): s/p.

O'Hara, Edgar. "El bolerazo del general". *Boletín cultural y bibliográfico* XXVII/22 (1990): 1-5.

Ortega, Julio. "El lector en su laberinto". *Hispanic Review* 60/2 (1992): 165-179.

_____ "The Reader in the Labyrinth". *Historical Criticism and the Challenge of Theory.* Janet Levarie Smarr ed. Urbana: U of Illinois P, 1993. 81-93.

Oviedo, José Miguel. "García Márquez en el laberinto de la soledad". *Revista de Estudios Colombianos* 7 (1989): 18-26.

Palencia-Roth, Michael. "García Márquez y los últimos Bolívares de la Gran Colombia". *Boletín cultural y bibliográfico* 22/XXVII (1990) <http://www.lablaa.org/blaavirtual/publicacionesbanrep/boletin/boleti5/bol22/ garcia.htm>.

_____ "Gabriel García Márquez: Labyrinths of Love and History". *World Literature Today* 60/1 (1991): 54-58.

_____ "Los peregrinajes de García Márquez o la vocación religiosa de la literatura". *Quinientos años de soledad: actas del congreso "Gabriel García Márquez" celebrado en la Universidad de Zaragoza del 9 al 12 de diciembre de 1992.* Túa Blesa ed. Zaragoza: Tropelías, Universidad de Zaragoza, 1997. 81-90.

Patán, Federico. "Una novela de postrimería". *Revista de Estudios Colombianos* 7 (1989): 45-47.

Pereira, Teresinka. "Matanza y re-vivencia de dos mitos: el Consejero y Bolívar". *Revista Chilena de Literatura* 37 (1991): 105-111.

Pérez, Henry. "Democratic President or Dictator? Precidency in García Márquez's 'Buen viaje señor presidente'". *Papa* 22 (1996): 65-75.

Piña, Cristina. *La Gaceta* (14 de mayo de 1989): 3-4.

Pons, María Cristina. *Memorias del olvido. Del Paso, García Márquez, Saer y la novela histórica de fines del siglo XX.* México: Siglo XXI, 1996.

_____ Reseña a Seymour Menton. *Latin American New Historical Novel. Revista Iberoamericana* 175 (1996): 635-638.

Pope, Randolph D. "Lectura literaria de *El general en su laberinto*". *Revista de Estudios Colombianos* 7 (1989): 36-38.

Posada Carbó, Eduardo. "Usos y abusos de la historia. Divergencias con anotaciones de García Márquez". *Repertorio Crítico sobre García Márquez.* Juan Gustavo Borda comp. y Luis García Núñez ed. Bogotá: Instituto Caro y Cuervo, 1995. Vol. II, 81-88.

Potelet, Jeanine. "'El último viaje': estudio de los cronotopos en *El general en su laberinto* de G. García Márquez". *Historia, espacio e imaginario* 30 (30): 293-301.

Prada Oropeza, Renato. "Historia y literatura. Los laberintos críticos de *El general en su laberinto*". *Plural* 20 (1990): 60-69.

_____ "Teoría y recepción: en los laberintos críticos de *El general en su laberinto*". *Casa de las Américas* 182 (1991): 143-153.

Pulgarín, Amalia. *Metaficción historiográfica: la novela histórica en la narrativa hispánica posmodernista.* Madrid: Editorial Fundamentos, 1995.

Pulido Herráez, María Begoña. "*El general en su laberinto* y la crisis de la historia narrativa". *Revista Iberoamericana* LXXII/215-216 (2006): 559-574.

Ramos, Jorge Abelardo. "El laberinto de García Márquez". 2008. <www.abelardoramos.com.ar/_doc/doc36.ph.p>.

Reyes, Juan José. "Los laberintos de la historia perdida". *El Semanario Cultural* (30 de abril de 1989): 367.

Rincón, Carlos. "El general sí tiene quien le escriba". *Literatura colombiana hoy. Imaginación y barbarie.* Karl Kohut ed. Frankfurt: Americana Eystettensia, 1994. 84-106.

_____ "Las imágenes en el texto: entre García Márquez y Roberto Bolaño. De la alegoría del tiempo al universo de las imágenes". *Revista de Crítica Literaria Latinoamericana* XXVIII/56 (2002): 19-37.

_____ "Metaficción, historia, posmodernismo. A propósito de *El general en su laberinto*". *Nuevo Texto Crítico* 9/10 (1992): 169-196.

Rodríguez, María. "Problematización del héroe en 'El general en su laberinto' de Gabriel García Márquez", <http://www.litterae.cl/antes/litte06/art3.htm>: 1-4.

Rohter, Larry. "García Márquez Portrays Bolivar's Feet of Clay". *The New York Times* (26 de junio de 1989): C13.

Rock, David A. "Humor and Self-Awareness in *El general en su laberinto*". *Hispanofila* 114 (1995): 41-49.

Rodríguez, María. "Problematización del héroe en *El general en su laberinto* de Gabriel García Márquez". <http://www2.udec.cl/~litterae/antes/litte06/art3.htm>.

Rodríguez Santamaría, María del Pilar. "¿El General Simón Buendía o el General Aureliano Bolívar?". *El Colombiano Dominical* (abril de 1989): 6-7.

Rodríguez-Vergara, Isabel. *El mundo satírico de Gabriel García Márquez*. Madrid: Pliegos, 1991.

Ross, Peter. "The Brilliant Gynandromorph: Bolívar and Sexual Ambiguity". *Love, Sex, and Eroticism in Contemporary Latin American Literature*. Alun Kenwood ed. Melbourne: Voz Hispánica, 1992. 75-83.

Rovira, José Carlos. "Gabriel García Márquez remonta el río Magdalena". *Quinientos años de soledad: actas del congreso "Gabriel García Márquez" celebrado en la Universidad de Zaragoza del 9 al 12 de diciembre de 1992*. Túa Blesa ed. Zaragoza: Tropelías, Universidad de Zaragoza, 1997. 287-291.

Rowe, William. "Gabriel García Márquez, la máquina de la historia". Juan Gustavo Borda, comp. y Luis García Núñez, ed. Bogotá: Instituto Caro y Cuervo, 1995. Vol. II, 425-440.

Sáenz-Villareal Sánchez, María Isabel. "Dos perspectivas literarias en la visión y reconstrucción de la figura del Libertador Simón Bolívar". *Contextos* 16 (2006): 13-26.

Salcedo-Bastardo, José Luis. "Bolívar en su órbita. Historiografía y ficción en *El general en su laberinto* de Gabriel García Márquez". *Beiträge zur Romanischen Philologie* XXIX (1990): 147-149.

_____ "Bolívar para el mundo". *Revista Nacional de Cultura* 55/277 (1990): 43-48.

Samper, María Elvira. Entrevista a Gabriel García Márquez a propósito de *El general en su laberinto*. *Semana* 358 (14 de marzo de 1989): 28-35.

_____ "*El general en su laberinto*: un libro vengativo". *Claridad* (5 al 11 de mayo de 1989).

Sánchez Arnosi, Milagros. "La nostalgia por el mito". *Cuadernos Hispanoamericanos* 469/470 (1989): 285-288.

Senabre, Ricardo. "Crónica de un amor anunciado". *Quinientos años de soledad: actas del congreso "Gabriel García Márquez" celebrado en la Universidad de Zaragoza del 9 al 12 de diciembre de 1992*. Túa Blesa ed. Zaragoza: Tropelías, Universidad de Zaragoza, 1997. 129-134.

Sirias, Silvia. "Bolívar's Corporeal Etherealness and his Lost Dream of Unification in García Márquez's *El general en su laberinto*". *Revista Hispánica Moderna* 53 (2000): 171-191.

Sorela, Pedro. "García Márquez recrea en Bolívar, protagonista de su última novela, el desencanto del poder". *El País* (20 marzo 1989).

Soriano, Oswaldo. "Un sueño suramericano". *Revista Araucaria de Chile* 47/48 (1989): 126-127.

Swanson, Philip. *The Cambridge Companion to Gabriel García Márquez*. Cambridge: Cambridge UP, 2010.

Tovar, Francisco. "*El general en su laberinto*, otra imagen pagana de la historia". *Quinientos años de soledad: actas del congreso "Gabriel García Márquez" celebrado en la Universidad de Zaragoza del 9 al 12 de diciembre de 1992*. Túa Blesa ed. Zaragoza: Tropelías, Universidad de Zaragoza, 1997. 315-321.

Trejo Fuentes, Ignacio. "Errancia sin fin hacia la nada". *Sábado* (15 de abril de 1989): 602.

Triviños, Gilberto y Edson Faúndez. "La condena perpetua: el mito del héroe en tres relatos de la literatura latinoamericana". *Acta literaria* 27 (2002): 23-42.

Urdapilleta Muñoz, Marco Antonio. "El *pathos* trágico de *El general en su laberinto*. Entre la historia y la expresión". *Latino América* 38 (2004): 117-143.

Valdivieso, Jorge H. "Cronotopias intertextuales en E*l general en su laberinto*". *Literatura como intertextualidad*. Juana Alcira Arancibia ed. Buenos Aires: Vinciguerra, 1993. 285-293.

Valencia Goelkel. "El general en su altar". *Lámpara* XXVII/110 (1989): 22.

Valente, Ignacio. Reseña a *El general en su laberinto*. *Atenea* 459/460 (1989): 322-324.

Vargas, José Ángel. "Biografía: historia y literatura (a propósito de *El general en su laberinto*". *Kariña* XVIII/1 (1994): 43-50.

_____ "*El general en su laberinto*: hacia una retórica verosímil". *Revista Comunicación* 7.15.1 (1993): 1-28.

Vargas Portugal. "El novelista en su laberinto". *Signo* XXVIII (1989): 49-51.

Vergara, Isabel R. de. "Representación paródica en *El general en su laberinto*". *Crítica Hispánica* 14/1-2 (1992): 69-80.

Watson, James H. "Intertextualidad, Dialogic, and Carnival in *El general en su laberinto*". Tesis de Maestría, University of Montana, 1997.

Weldt-Basson, Helene. "The Purpose of Historical Reference in Gabriel García Márquez's *El general en su laberinto*". *Revista Hispánica Moderna* XLVII (1994): 96-108.

Zapata Olivella, Juan. "El laberinto étnico del Libertador: ¿Bolívar medio mulato?". *El espectador. Lecturas Dominicales* (16 de abril de 1989): 3.

Zuluaga, Conrado. "El Bolívar de García Márquez". *Vanguardia Liberal* (1989): 8-9.

_____ "El dedo en la llaga". *Semana* 7 (24 de abril de 1989): 33.

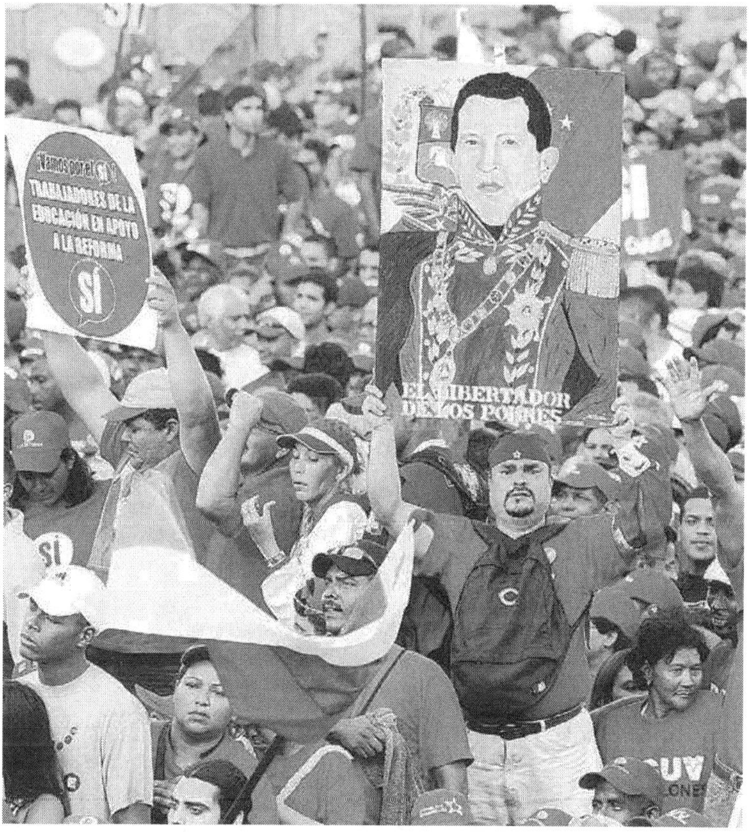
TRABAJADORES DE LA
EDUCACIÓN EN APOYO
A LA REFORMA
SÍ
EL LIBERTADOR
DE LOS POBRES